청년,
지역의
미래를
말하다

청년, 지역의
미래를 말하다

펴 낸 날	2025년 09월 10일
지 은 이	송현진, 방호찬, 이덕우, 박수진, 황태규
펴 낸 이	이기성
기획편집	서해주, 최인용, 권희연
표지디자인	서해주
책임마케팅	이수영, 김정훈
펴 낸 곳	도서출판 생각나눔
출판등록	제 2018-000288호
주　　소	경기도 고양시 덕양구 청초로 66, 덕은리버워크 B동 1708호, 1709호
전　　화	02-325-5100
팩　　스	02-325-5101
홈페이지	www.생각나눔.kr
이 메 일	bookmain@think-book.com

- 책값은 표지 뒷면에 표기되어 있습니다.
 ISBN 979-11-7048-909-2(03300)

Copyright ⓒ 2025 by 송현진, 방호찬, 이덕우, 박수진, 황태규 All rights reserved.

- 이 책은 저작권법에 따라 보호받는 저작물이므로 무단전재와 복제를 금지합니다.
- 잘못된 책은 구입하신 곳에서 바꾸어 드립니다.

대학생 지역혁신정책 참여 프로젝트

청년, 지역의 미래를 말하다

청년들이 발로 쓴 최초의 지역학 교과서!

송현진, 방호찬, 이덕우
박수진, 황태규 지음

생각나눔

CONTENTS

발간축사 | 이 길의 시작에 마음을 담습니다_ 10
프롤로그 | 누구도 묻지 않았던 질문에 우리가 답을 쓰다_ 13

1부 청년의 말은 어떻게 시작되었는가?
: 지역을 향한 첫 문장들

1장. 이야기의 시작   20
― 한 교수가 던진 물음, 지역을 바꿀 청년의 답으로 돌아오다
    1. 배 경 · · · · · · · · · · · · 21
    2. 프로세스 · · · · · · · · · · · 24
    3. 결 과 · · · · · · · · · · · · 28

2장. 함께 걸어온 사람들   34
― 대학, 기업, 기관 그리고 성인학습자까지… 협력으로 이어진 실천
    1. 대학의 협조 · · · · · · · · · · 36
    2. 기업의 협조 · · · · · · · · · · 41
    3. 기관의 협조 · · · · · · · · · · 43
    4. 국제적인 자문 · · · · · · · · · 45
    5. 지방자치단체의 협조 · · · · · · · 47
    6. 지역 언론의 관심 · · · · · · · · 47

3장. 청년은 무엇을 남겼는가?   48
― 작은 아이디어가 지역을 흔든다 ― 변화를 만든 다섯 가지 결과
    1. 학생들에게 미친 영향 · · · · · · · 49
    2. 지역에 미친 영향 · · · · · · · · 53
    3. 외국 청년에게 미친 영향 · · · · · · 55

4장. 이제, 어디로 나아갈 것인가? 58
– 더 넓게, 더 깊게, 더 많이… 미래를 향한 구조화된 도전
   1. 더 넓게 · · · · · · · · · · · · · 59
   2. 더 깊게 · · · · · · · · · · · · · 60
   3. 더 많이 · · · · · · · · · · · · · 61
   4. 미래 비즈니스와 결합 · · · · · · · 62

2부 청년이 지역에 새긴 말들
: 17개의 이야기, 17개의 미래

1장. 청년, 새만금의 미래를 말하다 66
– 허허벌판 위에 창조적 관광의 씨앗을 뿌리다
   1. 동 기 · · · · · · · · · · · · · 67
   2. 과 정 · · · · · · · · · · · · · 68
   3. 내 용 · · · · · · · · · · · · · 68
   4. 가 치 [㈜한복남 대표이사 박세상] · · · · · 71

2장. 청년, 지역축제의 미래를 말하다 74
– 완주에서 시작된 여섯 개의 축제 상상력
   1. 동 기 · · · · · · · · · · · · · 75
   2. 과 정 · · · · · · · · · · · · · 76
   3. 내 용 · · · · · · · · · · · · · 76
   4. 가 치 [(사)마을통 대표 임채군] · · · · · 82

3장. 청년, 부안의 미래를 말하다 86
– 한중문화와 청년관광이 만나다
   1. 동 기 · · · · · · · · · · · · · 87
   2. 과 정 · · · · · · · · · · · · · 88
   3. 내 용 · · · · · · · · · · · · · 88
   4. 가 치 [부안군의회 의원 김원진] · · · · · 93

4장. 청년, 지역 항공의 미래를 말하다   96
- 지방 하늘길에서 혁신의 비행을 꿈꾸다
　　1. 동 기 · · · · · · · · · · · · · · 97
　　2. 과 정 · · · · · · · · · · · · · · 98
　　3. 내 용 · · · · · · · · · · · · · · 98
　　4. 가 치 [전북창조경제혁신센터 특화사업본부장 이수영] · 102

5장. 청년, 만경강의 미래를 말하다   104
- 강은 흘렀고, 청년은 생태와 감동을 담았다
　　1. 동 기 · · · · · · · · · · · · · · 105
　　2. 과 정 · · · · · · · · · · · · · · 106
　　3. 내 용 · · · · · · · · · · · · · · 106
　　4. 가 치 [전북특별자치도 예술지원팀장 박병윤] · · · 109

6장. 청년, 임실 치즈의 미래를 말하다   112
- 50년 전통 위에 세계를 꿈꾸다
　　1. 동 기 · · · · · · · · · · · · · · 113
　　2. 과 정 · · · · · · · · · · · · · · 114
　　3. 내 용 · · · · · · · · · · · · · · 115
　　4. 가 치 [임실치즈음식문화연구회 회장 서인순] · · · 118

7장. 청년, 고창 6차 산업의 미래를 말하다   122
- 농촌을 재해석한 창업 아이디어
　　1. 동 기 · · · · · · · · · · · · · · 123
　　2. 과 정 · · · · · · · · · · · · · · 124
　　3. 내 용 · · · · · · · · · · · · · · 124
　　4. 가 치 [전국귀농귀촌협회 회장 김한성] · · · · · · 129

8장. 청년, 무주의 미래를 말하다   132
- 관광과 태권도, 농촌이 만난 입체 실험
　　1. 동 기 · · · · · · · · · · · · · · 133
　　2. 과 정 · · · · · · · · · · · · · · 134
　　3. 내 용 · · · · · · · · · · · · · · 134
　　4. 가 치 [국가균형발전위원회 위원장 이민원] · · · · 138

9장. 청년, 지역관광기업의 미래를 말하다   142
– 작은 기업에서 찾은 창업 가능성

    1. 동 기 · · · · · · · · · · · · · · · 143
    2. 과 정 · · · · · · · · · · · · · · · 144
    3. 내 용 · · · · · · · · · · · · · · · 147
    4. 가 치 [㈜가자 대표이사 전용희] · · · · · 150

10장. 청년, 지정환 신부의 철학을 배우다   154
– 지역의 정신에서 길을 찾다

    1. 동 기 · · · · · · · · · · · · · · · 155
    2. 과 정 · · · · · · · · · · · · · · · 156
    3. 내 용 · · · · · · · · · · · · · · · 157
    4. 가 치 [임실치즈농협 상임이사 심승만] · · · · · · 164

11장. 청년, 진안 고원의 미래를 말하다   168
– 고원의 시간에 치유의 미래를 심다

    1. 동 기 · · · · · · · · · · · · · · · 169
    2. 과 정 · · · · · · · · · · · · · · · 170
    3. 내 용 · · · · · · · · · · · · · · · 170
    4. 가 치 [한국사회적기업학회 부회장 최길현] · · · · · 175

12장. 청년, 장수의 미래를 말하다   178
– 캠핑, 자연 그리고 살아있는 관광의 실험

    1. 동 기 · · · · · · · · · · · · · · · 179
    2. 과 정 · · · · · · · · · · · · · · · 180
    3. 내 용 · · · · · · · · · · · · · · · 181
    4. 가 치 [장수식품클러스터사업단장 서병선] · · · · · 185

13장. 청년, 무주의 태권문화관광을 말하다   188
– 전통무예에 담은 글로벌 문화콘텐츠

    1. 동 기 · · · · · · · · · · · · · · · 189
    2. 과 정 · · · · · · · · · · · · · · · 190
    3. 내 용 · · · · · · · · · · · · · · · 191
    4. 가 치 [태권도 진흥재단 사무총장 이종갑] · · · · · 195

14장. 청년, 순창의 미래를 말하다　　　　　198
− 발효로 만드는 K−맛, K−브랜드
　　1. 동 기 · · · · · · · · · · · · · · · 199
　　2. 과 정 · · · · · · · · · · · · · · · 200
　　3. 내 용 · · · · · · · · · · · · · · · 201
　　4. 가 치 [순창발효관광재단 대표 선윤숙] · · · · · 204

15장. 청년, 완주의 마을관광을 말하다　　　　　208
− 지역공동체와 관광의 협업 모델을 제시하다
　　1. 동 기 · · · · · · · · · · · · · · · 209
　　2. 과 정 · · · · · · · · · · · · · · · 210
　　3. 내 용 · · · · · · · · · · · · · · · 211
　　4. 가 치 [완주문화재단 상임이사 정철우] · · · · · 214

16장. 청년, 고창의 미래를 말하다　　　　　218
− 세계유산과 함께 걷는 청년의 아이디어
　　1. 동 기 · · · · · · · · · · · · · · · 219
　　2. 과 정 · · · · · · · · · · · · · · · 220
　　3. 내 용 · · · · · · · · · · · · · · · 221
　　4. 가 치 [고창문화관광재단 상임이사 안종선] · · · · 225

17장. 청년, 명창 권삼득의 가치를 말하다　　　　　228
한 명창의 소리가 지역 브랜드가 되다
　　1. 동 기 · · · · · · · · · · · · · · · 229
　　2. 과 정 · · · · · · · · · · · · · · · 230
　　3. 내 용 · · · · · · · · · · · · · · · 231
　　4. 가 치 [한국관광공사 전북지사장 오충섭] · · · · 234

부록 기억될 실험, 이어질 미래

1장. 청년, 완주 로컬푸드의 미래를 말하다 240
- 한국 농업정책 대표 브랜드, 완주 로컬푸드 2.0 미래 전략
  1. 동 기 · · · · · · · · · · · · · · · · · · · 241
  2. 과 정 · · · · · · · · · · · · · · · · · · · 242
  3. 내 용 · · · · · · · · · · · · · · · · · · · 243
  4. 가 치 [완주로컬푸드협동조합 이사장 권승환] · · · · 245

2장. 중국 청년정책 벤치마킹 사례 248
- 지역을 넘어 세계를 향하는 교육
  1. 개 요 · · · · · · · · · · · · · · · · · · · 249
  2. 내 용 · · · · · · · · · · · · · · · · · · · 250
  3. 가 치 [장춘사범대학교 인문지리학과 교수 풍지백] · 252

3장. 아까운 디자인, 아까운 캐릭터 254
  1. 새만금 캐릭터 그리고 디자인 · · · · · · · · · 255
  2. 진안군 물레방앗간 디자인 · · · · · · · · · · 257
  3. 임실치즈 캐릭터 그리고 디자인 · · · · · · · · 258

에필로그 | 청년의 언어로 지역을 다시 그리다_ 261
에필로그 | 이야기를 마무리하며, 다시 시작을 생각한다_ 265
저자 소개_ 269

| 발간축사 |

이 길의 시작에 마음을 담습니다

『청년, 지역의 미래를 말하다』의 출간을 진심으로 축하드립니다. 이 책은 단순한 교육의 결과물이 아닙니다. 지난 13년간, 한 해도 빠짐없이 지역을 향한 청년들의 사유와 실천, 그리고 성찰이 켜켜이 쌓여 이루어낸 집단 지성의 결정체입니다. 무엇보다 청년들이 먼저 말하고 먼저 행동했기에 가능했던 귀한 기록이라 하겠습니다.

우석대학교는 지역을 품은 대학입니다. 그리고 청년은 시대를 여는 존재입니다. 이 두 요소가 만났을 때, 비로소 지역의 내일은 생동하게 되고, 청년의 오늘은 빛을 발할 수 있습니다. '청년, 지역의 미래를 말하다' 프로젝트는 그 만남이 어떻게 실천될 수 있는지를 증명한, 소중한 사례입니다.

이 책은 청년들이 직접 지역을 찾아가 그 속에서 문제를 발견하고, 현실을 분석하며, 정책 대안을 제안한 결과입니다. 단지 관찰자의 시선이 아니라, 당사자의 언어로 지역을 읽어내고, 해결의 열쇠를 고민했다는 점에서 의미가 큽니다. 그 과정에서 청년들은 자신이 서있는 곳에서 세상을 바꾸는 힘을 발견했고, 지역은 새로운 관점과 가능성을 얻게 되었습니다.

특히 이번 책은 청년뿐 아니라 지역의 삶과 현장을 꿰뚫고 있는 성인 학습자들의 참여로 더욱 풍성해졌습니다. 세대 간의 연대, 학교와 지역의 협력, 시민과 전문가의 소통이라는 새로운 교육 생태계가 실제로 구현되었고, 이는 앞으로의 대학이 나아가야 할 방향을 보여주는 귀감이라 할 수 있습니다. 또한 이 프로젝트는 올해부터 시작된 RISE(지자체-대학 협력기반 지역혁신사업)의 취지에 부합하는 선도적 사례로, 지역과 대학의 긴밀한 동행이 어떻게 구현될 수 있는지를 실증하는 중요한 선행모델이 될 것입니다.

저는 이 프로젝트를 통해 대학이 단순히 '지식을 전달하는 기관'이 아니라, '지역과 함께 문제를 해결하는 파트너'로 거듭날 수 있다는 가능성을 보았습니다. 그리고 우석대학교는 그러한 변화를 두려워하지 않고, 오히려 가장 먼저 앞장서고자 합니다. 우리는 더 많은 청년이 지역을 사랑하고, 더 많은 지역이 청년을 품을 수 있도록 교육의 장을 더욱 넓혀갈 것입니다.

끝으로 이 책이 세상에 나오기까지 헌신적인 노력을 아끼지 않은 황태규 학장님과 모든 교수님, 참여 학생 여러분, 지역 관계자 여러분께 깊은 감사를 전합니다. 이 책이 지역을 고민하는 많은 이들에게 따뜻한 영감과 실천의 동력이 되기를 바랍니다. 청년의 말이 지역의 미래가 되는 그날까지, 우석대학교는 늘 그 곁을 지킬 것입니다.

2025년 5월
우석대학교 총장 박 노 준

| 프롤로그 |

누구도 묻지 않았던 질문에 우리가 답을 쓰다

"청년은 과연 지금, 어디에 서있는가."

청년을 오랜 세월 '미래의 주역'이라 불러왔지만, 이제는 그들에게 '현재의 주인공'이라는 자리와 책임을 부여해야 한다. 청년의 문제는 결코 특정 세대만의 문제가 아니다. 사회 구조와 제도 전반이 직면한 시대적 과제이며, 오늘날의 공동 책임이다.

한국 사회는 여러 전환기를 거치며 청년의 저항과 실천에서 새로운 가능성을 확인해 왔다. 4·19혁명, 5·18민주화운동의 역사 속에서도 청년은 시대의 변화를 앞서 이끌었다. 그러나 지금의 청년은 그러한 동력을 유지하고 있는가? 혹은 유지할 수 있는 사회적 기반을 갖추고 있는가? 기성세대는 한때 "아프니까 청춘"이라는 말로 청년을 위로하려 했지만, 이는 청년기의 고통과 혼란을 개인의 문제로 치환한 것이며, 구조적 모순을 외면한 결과였다.

오늘날 청년은 '공정'이라는 시대정신을 중심으로 목소리를 내고 있다. 하지만 사회는 여전히 청년의 요구를 기존 질서 속에서 재단하려 한다. 특히 지역에 기반한 청년들은 더욱 열악한 조건 속에서 반복적인 소외를 경험하고 있다. 지역 대학에 다니고, 지역에서 살아가는 청년은 구조적 불균형과 수도권 중심 정책의 그늘 속에서 오랫동안 외면되어 왔다. 지역의 운동장은 시작부터 기울어져 있으며, 그 위에서 외치는 청년의 목소리는 쉽게 사회의 중심부에 도달하지 못한다.

이 책은 그런 지역 청년들이 직접 지역을 탐색하고, 문제를 정의하며, 그에 대한 현실적이면서도 창의적인 정책 아이디어를 제안한 결과물이다. 『청년, 지역의 미래를 말하다』는 2013년부터 2025년까지 17회에 걸쳐 진행된 교육 프로젝트의 산물이자, 청년들이 한 학기 동안 지역에 깊이 들어가 조사하고 연구하며, 문화관광을 포함한 다양한 지역 현안을 주제로 정책 아이디어를 도출해낸 집합적 성찰의 기록이다. 단순한 학술적 보고서가 아닌, 청년들의 시선으로 바라본 지역의 현실과 미래를 담아낸 살아있는 정책 제안집이자 실천적 탐구의 결과물이다.

특히 13회부터는 지역에 거주하며 생업과 지역 사회에 깊이 뿌리

내린 성인 학습자들이 함께 참여함으로써, 지역문제에 대한 이해의 깊이와 아이디어의 실현 가능성이 더욱 커졌다. 이들은 생활 기반의 경험과 통찰을 바탕으로 청년들과 협력하여 보다 구체적이고 실천적인 정책 아이디어를 제안했고, 이는 기성세대와 청년이 함께 지역의 미래를 설계하는 새로운 모델로 자리매김하고 있다.

무엇보다도 중요한 변화는, 13회부터 이 프로젝트에 중앙·광역·기초 단위의 지역 정책 관련 모든 기관이 실질적으로 협력하고 함께 참여했다는 점이다. 한국관광공사 전북지사(중앙), 전라북도특별자치도문화관광재단(광역), 완주·순창·고창문화재단(기초) 등 여러 기관 및 지자체의 대학이 함께한 유기적 연계는 학생들이 보다 정확하게 지역을 이해하고, 깊이 있게 탐구하고, 현실에 기반한 혁신적 정책 아이디어를 제안할 수 있도록 해준 결정적인 토대였다. 이러한 협력 구조는 단순한 교육과 행정의 결합을 넘어, 지역 전체가 함께 만든 '정책 실습의 장'이자 '사회적 학습의 실험장'으로서의 모델을 제시했다는 점에서 큰 의미를 가진다.

이 책에 담긴 아이디어는 완결된 정책 보고서는 아니지만, 대학 교육이 지역사회와 어떻게 맞닿을 수 있는지를 보여주는 소중한 사례다. 학생들이 직접 발로 뛰며 얻은 통찰과 문제 해결 능력은 지역 언론의 주목을 받았고, 일부 지자체로부터는 실제 정책 적용 가능성에 대한 긍정적 평가도 받았다.

수년간의 자료를 정리하고 책으로 엮는 일은 결코 쉽지 않은 작업이었다. 이 과정에는 박수진 교수, 이덕우 교수, 그리고 프로젝트의 중심에서 17회 중 8회에 직접 참여하며 수상 경력을 쌓고, 이제는 대학의 일원으로서 본 행사를 기획·운영하고 있는 송현진, 방호찬 직원의 헌신적인 노력이 큰 힘이 되었다.

우석대학교는 지금까지 청년들이 '아이디어 제공자'로서 지역과 연결될 수 있도록 돕는 교육과정을 운영해 왔으며, 앞으로는 이들이 '아이디어 실현자'로 성장하여 지역사회에 실질적인 기여를 할 수 있도록 지원할 것이다. 이는 교육의 단순한 변화가 아닌, 대학의 존재 이유와 사회적 책임을 다시 묻는 새로운 도전이다.

지역 대학은 생존의 위기에 놓여있지만, 그 가운데서도 지역을 이해하고, 지역과 함께 문제를 풀어가는 교육을 지속할 수 있기에 대학은 여전히 의미 있고 아름다운 공간이다. 이 책이 지역을 고민하는 많은 이들에게 작지만 실질적인 길잡이가 되기를 바란다.

끝으로, 이 프로젝트가 13여 년간 지속될 수 있었던 데에는 많은 분의 헌신적인 지원과 관심이 있었기에 가능했다. 항상 힘이 되어주신 우석대학교 박노준 총장님을 비롯해 최상명 부총장님, 김성희 교무처장님 등 함께 참여해 주신 대학 교직원 여러분 그리고 지역을 위해 늘 함께 고민해 주신 유희태 완주군수님, 황인홍 무주군수님을 비롯한 여러 기초단체장님들, 이경윤 전북특별자치도문화관광재단 대표이사님, 오충섭 한국관광공사 전북지사장님, 정철우 완주문화재단 상임이사님, 그리고 순창·고창문화재단 이사님들께도 깊은 감사의 인사를 전한다. 이 책은 그분들의 동행이 있었기에 세상에 나올 수 있었다.

2025년 5월
우석대학교 미래융합대학 학장 황 태 규

청년의 말은 어떻게 시작되었는가?

– 지역을 향한 첫 문장들

1장

이야기의 시작

한 교수가 던진 물음, 지역을 바꿀 청년의 답으로 돌아오다

나이가 들수록 세상이 주는 놀라움이 줄어든다고들 한다. 그래서일까, 요즘은 작고 사소한 일에도 마음이 움직이고 기분이 좋아지곤 한다. 『청년, 지역의 미래를 말하다』가 출판된다는 소식을 들었을 때도 그랬다. 청년들이 스스로 지역의 문제를 찾아내고, 이에 대한 구체적인 대안을 제시했다는 사실이 신선하고 놀라웠다. 특히 우리 지역의 대학 교육과정 속에서 이런 실천적 시도가 이뤄졌다는 점이 특히 인상 깊었다. 더욱 의미 있는 점은, 이 프로그램이 단지 전북특별자치도에서의 실험에 그치지 않았다는 사실이다. 전북에서 유학한 중국의 한 교수가 이 모델을 벤치마킹하여, 2022년 6월부터 중국 현지에서 동일한 방식의 프로그램을 시작했다는 소식은 이 실천이 국경을 넘어 확산되고 있음을 보여준다. 청년이 지역을 고민하고, 문제를 말하고, 해결을 위해 행동한다면 그것이 바로 희망의 시작이다. 이 작은 실천이 전북특별자치도를 바꾸고, 나아가 대학을 변화시키는 출발점이 될 것이다.

전북특별자치도 도지사 김 관 영

> 청년의 말은 어떻게 시작되었는가? - 지역을 향한 첫 문장들
> # 1장. 이야기의 시작
> /
> 한 교수가 던진 물음, 지역을 바꿀 청년의 답으로 돌아오다

1. 배경

이 프로젝트는 우석대학교 관광학과 교수인 황태규 교수에 의해 제안·진행되었다. 황 교수는 지역사회의 요구에 부응하는 대학의 역할에 대해 꾸준히 고민해 왔고, 대학이 '혁신의 씨앗' 역할을 하려면 지역의 사회·경제·문화 발전에 기여할 수 있어야 한다고 주장했다. 이에 문화관광사업 아이디어 발표회를 기획했다. 학생들이 자신이 속해 있는 지역을 이해하도록 돕고, 지역사회에 참여할 기회를 만들었다.

2013년에 '새만금지역관광론'을 개설하고, '지역자원활용 소셜비즈니스 아카데미 – 미래의 땅, 새만금'이라는 주제로 첫 프로젝트를 진행했다. 전라북도가 새만금 방조제를 관광자원화 하기

위해 애를 쓰고 있는 때였다. 그러나 막대한 인력과 재정은 인프라 구축에 집중적으로 투입되었고, 문화관광상품을 개발하는 데는 미처 신경을 쓰지 못했다. 지역대학도 기존 운영방식을 유지하기에 급급했다. 지역의 문화관광사업진흥을 위한 교육문제까지는 고려하지 못했다.

황 교수는 학교에 지역발전을 도모하기 위한 과목개설을 요청했다. '새만금지역관광론'을 개설하고 지역과 학생을 연결하기 위한 작업에 들어갔다. 팀을 꾸려서 학기 말에 발표회를 연다는 미션을 주었다. 관광학과 학생이 중심이어서 자연스럽게 '관광상품 개발'이라는 주제가 만들어졌다. 마땅한 교재가 없어서 지역별 관광 안내 책자와 인터넷에서 관련 자료를 모아 강의했다. 김제 벽골제, 군산 신시도, 부안 내변산 등 현장 탐방 교육을 병행했다.

이때 만들어진 슬로건이 바로 '청년, 지역의 미래를 말하다'이다. 첫 행사는 2013년 '새만금창조관광 아이디어 개발'을 주제로 새만금에서 발표회를 개최했다. 이후 2025년까지 13년 동안 17회에 걸쳐 진행했다.

2023년 3월, 이 프로젝트는 중요한 전환점을 맞이하게 된다. 성인 학습자, 즉 만학도들이 교육과정에 본격적으로 참여하기 시작하면서부터다. 이들은 이미 지역에서 오랜 시간 사회적·직업적 경험을 쌓은 이들로, 지역에 대한 이해와 애착이 깊을 뿐 아니라, 실제적인 문제 인식과 정책적 대안을 도출하는 능력에서도 두각을 나타냈다. 이들의 참여는 청년 학생들과의 세대 간 융합을 통해 보다 입체적이고 체계적인 지역 문제 해결방안을 도출할 수 있는 기반이 되었다.

이에 힘입어 프로젝트는 전북 지역의 핵심 문화관광 기관들과의 협업으로 한 단계 도약하게 된다. 전라북도의 문화관광을 총괄하는 전북특별자치도 문화관광재단, 중앙정부 산하기관인 한국관광공사 전북지사, 그리고 각 기초지자체 문화관광재단들과의 협업 체계가 구축되었다. 이를 통해 청년과 성인 학습자가 함께 지역을 탐방하고, 문제를 발굴하며, 대안을 제시하는 프로젝트가 더욱 공공성과 실천력을 갖추게 된 것이다.

특히, 13회부터 17회까지의 프로젝트는 이러한 협업 체계 속에서 이뤄졌으며, 청년과 성인 학습자가 함께 지역 현장을 조사하고 지역사회 구성원들과 소통하며 지역의 문제와 가능성을 함께 고민한 과정이었다. 이 시기 발표된 아이디어들은 더욱더 실제 정책과 사업 제안으로 이어질 수 있는 구체성과 설득력을 지니게 되었으며, 이는 곧 지역정부와 협력기관의 관심과 반응으로 이어졌다.

'청년, 지역의 미래를 말하다'라는 이 프로젝트의 이름이 단순한 수사(修辭)가 아니라, 실질적 변화를 이끄는 주체로서 청년과 지역 시민이 함께 말하고 행동하는 플랫폼이 되었음을 보여주는 상징적인 장면들이었다.

2. 프로세스

1회 때는 '새만금창조관광탐방단'을 모집했다. 1주일 만에 30명 정원이 채워졌다. 관광학과를 중심으로 외식조리학과, 체육학과 학생들이 참여했다. 새만금의 역사와 공간이해를 돕기 위한 전문가를 섭외했다. 언론인, 교수, 축제전문가의 초청 강의를 마친 다음, 토론회를 거쳐 4개의 조를 만들었다. 각각의 조마다 전문가를 멘토로 붙였다.

이어서 2박 3일의 현장방문을 다녀왔고, 팀별 아이디어 토론 과정을 거쳐 2주 동안 발표자료를 제작했다. 발표회에는 군산시, 김제시, 부안군 공무원과 전북도청 새만금 담당 팀장, 한국 농어촌공사 새만금사업단이 참석했다. 심사위원의 평가 후, 우수작품을 선정하고 시상했다. 그 결과 최초의 새만금 기념품이 만들어졌다.

2회는 '4계절 축제도시 완주 만들기'라는 주제로 발표회를 개최했고, 3회 때부터는 안정적인 운영 매뉴얼을 만들어 진행했다. 매뉴얼은 아래와 같다.

- **첫째**, 지역의 이슈를 탐색하는 것이다. 먼저 지역을 선정하고 지역의 이슈를 선택한다. 결정되면 관련 단체에 발표회 내용 및 과정을 담은 자료를 만들어 공문형식으로 보낸다. 지방자치단체의 공무원이나 관련 사업 대표자 등 관계자를 만나 발표회의 취지와 목적을 설명한다. 지역과 협의할 때에는 학교에서 지원 가능한 것과 지자체에서 지원할 내용을 구분하여 행사 진행에 차질이 없도록 준비한다.

- **둘째**, 연구대상에 따라 새로운 과목을 신설하는 것이다. 신설 과목은 3가지 측면을 고려해야 한다. '지역의 자원이해, 새로운 관광시장의 수요 반영, 지역 환경의 변화 반영'이다. 우리는 지역의 자원이해를 돕기 위해 새만금지역관광론, 지역문화의 이해, 지역관광기업론, 지역관광경영자론, 음식관광론을 개설했다. 새로운 관광시장의 수요를 반영하기 위해서는 캠핑관광창업론, 신관광사업론, 관광 1인 미디어론, 중국문화론을 개설했다. 새로운 지역환경의 변화를 반영하기 위해 혁신도시의 이해, 지역특화산업론을 개설했다.

⊃ **셋째**, 교육과 연구에 필요한 교재와 멘토를 찾아 매칭하는 일이다. 지역학 관련 저서가 부족한 편이라서 지도자가 많은 시간과 공을 들여야 한다. 교육 참고자료에 대한 탐색을 마치면, 특강 강사와 컨설팅이 가능한 인적자원을 찾아야 한다. 지역에는 전문가가 부족한 편이라서 적합한 사람을 찾는다 해도 따로 시간을 내어달라고 부탁하기가 쉽지 않다. 아는 인맥을 총동원하여 사업가, 생태환경전문가, 농식품전문가 등을 모셔와야 한다. 전문가나 특강 강사는 현장전문교수 임명 절차를 거쳐 수업을 시작하게 된다. 모든 것은 학교에서 정한 마감일을 넘기지 않도록 신경을 써야 한다.

⊃ **넷째**, 강의 첫 시간에 학생들에게 프로젝트에 대해 충분한 설명하는 일이다. 익숙한 수업형태가 아니라서 학습 목표와 과정이 제대로 전달이 안 되는 경우가 있다. 팀 결성은 자율에 맡기되 리더와 발표자료 제작자, 발표자 등 역할을 나눌 수 있도록 도와주어야 한다. 지역 현장 탐방은 필수 조건이며, 부족한 부분은 특강이나 전문가의 컨설팅을 통해 보완할 수 있도록 미리 준비한다.

⊃ **다섯째**, 발표회 일정을 조정하고 확정하는 일이다. 10주 차가 되면 발표자료를 만들기 시작하고, 기획력 및 발표력을 키우는 데 집중한다. 현장조사를 바탕으로 환경분석을 하고, 이슈 선정 후 발표주제를 명확히 한다. 문제가 도출되면 해결방안을 찾기 위한 SWOT 분석을 실시하고, 지역경쟁력을 찾기 위한 관련 사례 검토를 통해 문화관광전략을 만들어내는 과정이다. 13주 차에는 발표자료를 완성하고 발표 연습을 하면서 보완한다. 한편으로는 행사를 위한 책자를 인쇄하고, 행사 주최자 혹은 주관자에게 일정에 차질이 없는지 확인한다. 발표일은 기말고사와 겹치지 않도록, 시험공부에 방해되지 않도록 시험 이후에 하는 것이 좋다. 발표 준비는 최소한 3주 정도 걸린다는 점을 고려하여 차질이 없도록 진도를 맞추어야 한다. 발표 장소가 학교가 아니라 외부일 때는 더 신경을 써야 한다. 발표일은 지자체와 상의해서 재조정하는 경우가 발생하기도 한다. 그러나 학교를 대표하는 일이고, 학생들이 자발적으로 참여하는 프로그램으로 방학이 시작되더라도 큰 문제는 없었다.

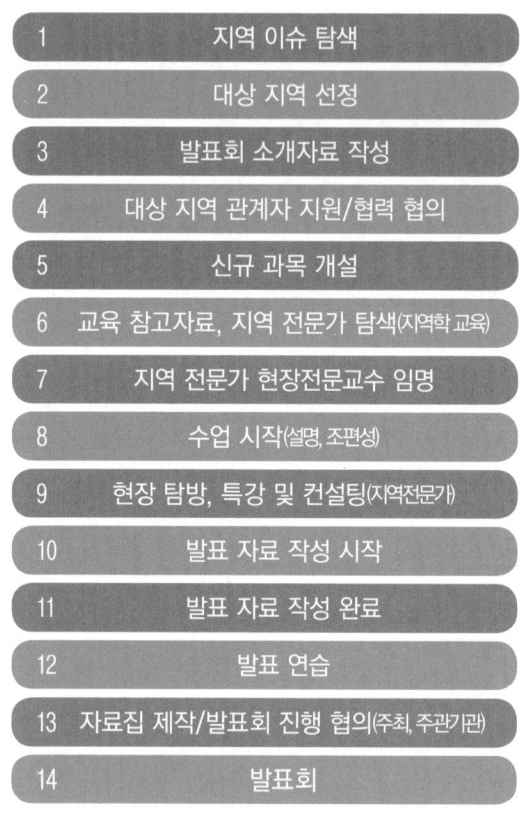

발표회 준비과정(Process)

3. 결과

발표회는 2013년 겨울에 시작해서 2025년 봄까지 지역관광발전 부문과 지역기업발전 부문으로 나누어 총 17회를 진행했다. 지역관광발전 부문은 새만금 관광아이디어를 시작으로 완주군

관광아이디어까지 총 14회 진행했다. 지역기업발전 부문은 이스타항공 항공관광 마케팅아이디어, 임실치즈농협 신상품 개발 아이디어, 지역관광기업(관광요식업, 갤러리형 카페, 지역여행사, 지역박물관, 캠핑카제조업) 마케팅아이디어 등 총 3회 진행했다. 참가한 학생은 모두 302명이고, 94개의 상장과 함께 3천여만 원 상당의 부상을 받았다.

발표회

순서	제 목	대상 지역 (기업)
1회	청년, 지역의 미래를 말하다 1 (2013. 12) - 지역자원 활용 소셜비즈니스 아카데미 '미래의 땅, 새만금'	새만금
2회	청년, 지역의 미래를 말하다 2 (2014. 12) - 대학생 지역관광아이디어 발표회 '축제의 도시 완주군 만들기 프로젝트'	완주군
3회	청년, 지역의 미래를 말하다 3 (2015. 06) - 대학생 지역관광마케팅 아이디어 발표회 '부안군 차이나교육문화특구 성공을 위한 지역관광전략'	부안군
4회	청년, 지역의 미래를 말하다 4 (2016. 12) - 지역대학생 항공산업 마케팅 아이디어 발표회	이스타 항공
5회	청년, 지역의 미래를 말하다 5 (2016. 12) - '만경강포럼 '아이디어파티'	완주군 만경강
6회	청년, 지역의 미래를 말하다 6 (2018. 06) - 임실치즈탄생 50주년 기념 '대학생 임실치즈 문화관광아이디어 발표회'	임실군
7회	청년, 지역의 미래를 말하다 7 (2018. 12) - 고창군 농식품 6차산업화 아이디어 발표회	고창군
8회	청년, 지역의 미래를 말하다 8 (2019. 06) - 대학생 지역혁신 아이디어 발표회	무주군
9회	청년, 지역의 미래를 말하다 9 (2019. 12) - 대학생 지역관광기업 혁신아이디어 발표회	전라북도
10회	청년, 지역의 미래를 말하다 10 (2019. 12) - 임실치즈 혁신창업 아이디어발표회	임실군
11회	청년, 지역의 미래를 말하다 11 (2020. 12) - 대학생 지역관광 혁신아이디어 발표회	진안군
12회	청년, 지역의 미래를 말하다 12 (2021. 06) - 대학생 지역관광 혁신아이디어 발표회 '캠핑&장수'	장수군
13회	청년, 지역의 미래를 말하다 13 (2023. 06) - 대학생 지역관광 혁신아이디어 발표회 '무주 태권문화관광'	무주군
14회	청년, 지역의 미래를 말하다 14 (2023. 11) - 대학생 지역관광 혁신아이디어 발표회 '딜리셔스 순창'	순창군
15회	청년, 지역의 미래를 말하다 15 (2023. 12) - 대학생 지역관광 혁신아이디어 발표회 '갓생살기 여행프로젝트'	완주군
16회	청년, 지역의 미래를 말하다 16 (2024. 05) - 대학생 지역관광 혁신아이디어 발표회 '세계 유산도시 고창'	고창군
17회	청년, 지역의 미래를 말하다 17 (2024. 11) - 대학생 지역관광 혁신아이디어 발표회 '완주 비가비 명창 권삼득'	완주군

상장 (94개)

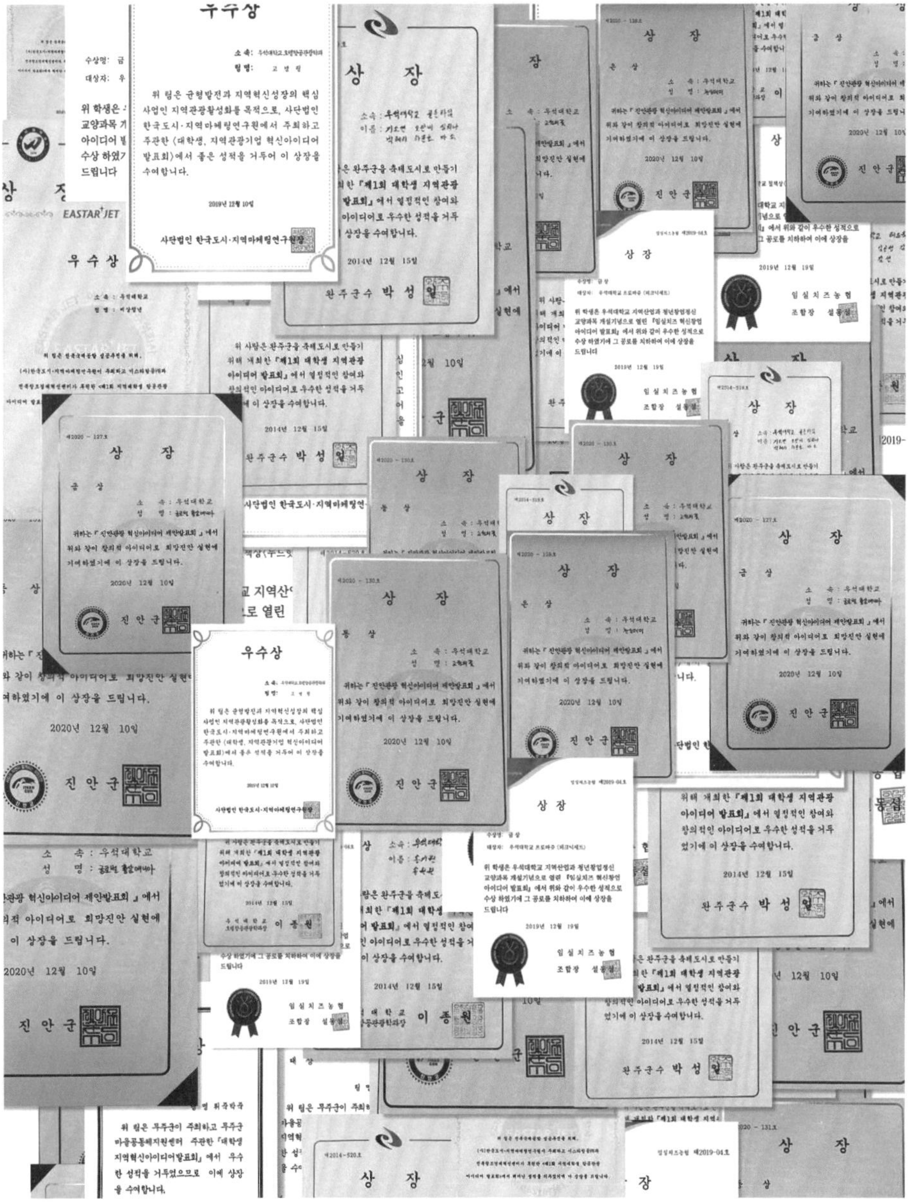

우수상
위 팀은 균형발전과 지역혁신성장의 핵심 사업인 지역관광활성화를 목적으로, 사단법인 한국도시·지역마케팅연구원에서 주최하고 주관한 (대학생, 지역관광기업 혁신아이디어 발표회)에서 좋은 성적을 거두어 이 상장을 수여합니다.
2019년 12월 10일
사단법인 한국도시·지역마케팅연구원장
상 장
위 사람은 완주군을 축제도시로 만들기 위해 개최한 『제1회 대학생 지역관광 아이디어 발표회』에서 열정적인 참여와 창의적인 아이디어로 우수한 성적을 거두었기에 이 상장을 수여합니다.
2014년 12월 15일
완주군수 박 성 일
상 장
소 속 : 우석대학교
위하는 『 진안관광 혁신아이디어 제안발표회 』에서 위와 같이 창의적 아이디어로 희망진안 실현에 기여하였기에 이 상장을 드립니다.
2020년 12월 10일
진 안 군
상 장
위 학생은 우석대학교 지역산업과 청년창업정신 교양과목 개설기념으로 열린 『임실치즈 혁신창업 아이디어 발표회』에서 위와 같이 우수한 성적으로 수상 하였기에 그 공로를 치하하여 이에 상장을 드립니다
2019년 12월 19일
임실치즈농협
조합장
EASTAR JET
우 수 상
위 팀은 무주군이 주최하고 무주군 마을공동체지원센터 주관한 「대학생 지역혁신아이디어발표회」에서 우수한 성적을 거두었으므로 이에 상장을 수여합니다.

주인공 (302명)

강기륜	강동훈	강민서	강영수	강유준	강재건	강준혁	강철녕	강하니
고유빈	고유진	고정훈	고현애	고혜정	공병열	곽채림	곽효성	구도현
구본찬	굴체크라	권마태	권승환	권영환	기소연	김가희	김경남	김경철
김기한	김나래	김다정	김도균	김동욱	김동준	김민주	김민주	김범상
김범철	김벼리	김복래	김 선	김성훈	김소리	김소연	김소정	김수돈
김영우	김용균	김우진	김윤배	김윤수	김은주	김은지	김재성	김정원
김정현	김정희	김지수	김지원	김지은	김지현	김지혜	김지훈	김진성
김진수	김채원	김태성	김태양	김현진	김혜린	김효은	김효정	나피사
남주희	노미순	노인섭	도반키	디무르	딜노즈	류단비	류미란	마 소
무크타람	문명선	문지수	민경원	민수원	바크롬존	박건욱	박건호	박근수
박근영	박길춘	박다빈	박민수	박상원	박서진	박서현	박성민	박소희
박수민	박숙희	박영선	박영숙	박영신	박원준	박윤선	박은미	박재영
박종삼	박주용	박 준	박지혜	박진혁	박진희	박찬우	박태흠	박혁문
박현욱	박혜리	박호균	방호찬	배현우	사르바르	삼시에바	샤크노자	샤크리요르
서세련	서수경	서요한	서정우	서흔연	선예지	성완오	성재연	성준경
소 검	소미선	소히바	손지운	손희정	송기원	송미화	송민정	송영주
송원원	송재기	송현진	송혜숙	순지혜	신수민	신영순	신웅재	신지민
신현준	신현진	심지은	심희나	아미르테미르	아크바르	안다영	안주혜	안지은
안현빈	양방민	양선유	엄경섭	오단비	오미정	오상훈	오세빈	오승아
오 정	오태원	오현숙	온상헌	원지원	위옌녹마이	위옌피롱	유내육	유다겸
유대훈	유승민	유원주	유인순	유지수	윤규리	윤미숙	윤종부	윤준민
윤준호	응엔띠하이엔	응엔트룽히에우	응우옌티하	이강현	이경신	이덕모	이동훈	이명로
이명제	이미진	이민규	이상용	이선주	이선희	이성원	이성조	이소정
이승준	이용석	이우용	이우형	이원균	이유나	이인성	이정민	이정숙
이종민	이지민	이지송	이지연	이창재	이현귀	이혜연	이희정	인치영
임경문	임곤성	임상수	임수진	임재신	임정섭	자수르벡	장동성	장민규
장민기	장민아	장소현	장순철	장영수	장영은	장인주	장주영	장 혁
전국환	전별이	전 온	정상원	정선아	정승욱	정영희	정용원	정유진
정지호	정지희	정필석	정혜민	정효경	정희수	조석호	조세희	조용진
조윤경	조윤미	조윤이	조인희	조현우	주단단	주정준	진애정	채세호
채수범	채아영	최건우	최규성	최기창	최다민	최병선	최병흔	최삼동
최은주	최은총	최준원	최준현	최지성	최지원	최진영	최현욱	추상욱
파루크	푸르카트	하문초	하채원	한대철	한지훈	한효은	홍경표	홍경하
황성빈	황아안뀌	황인동	황지현	황홍연				

함께 걸어온 사람들

대학, 기업, 기관 그리고 성인학습자까지… 협력으로 이어진 실천

우리나라 출생률은 세계 최하위다. 국가의 미래를 위협할 정도로 심각하고, 지역은 소멸의 공포에 휩싸이고 있다. 많은 사람이 청년세대가 미래의 희망을 상실했다고 생각한다. 지역사회에서는 청년이 미래희망을 품기가 더욱 어렵다. 이런 때에 전북 청년들이 13여 년 동안 지역관광산업에 대한 프로젝트를 진행했고, 그 결과물을 책으로 엮어낸다는 소식을 들었다. 『청년, 지역의 미래를 말하다』의 주인공은 청년이다. 청년이 주체가 되어 지역의 관광산업을 발전시키기 위해 어떻게 노력했는가를 보여주고 있다. 이 과정에 대한 기록은 우리 지역 청년교육에 작은 희망의 불씨를 만들 것으로 보인다. 그래서 우리 청소년에게도 이 프로그램을 적용하면 어떨까 하는 고민을 하며, 청소년 교육 담당자들에게 이 책을 추천한다.

전북특별자치도 교육청 교육감 서 거 석

청년의 말은 어떻게 시작되었는가? - 지역을 향한 첫 문장들

2장. 함께 걸어온 사람들

/

대학, 기업 기관 그리고 성인학습자까지… 협력으로 이어진 실천

발표회는 학생들이 중심이었지만 그 과정에는 학교와 지방자치단체, 지역전문가, 지역기업의 협조가 있었다.

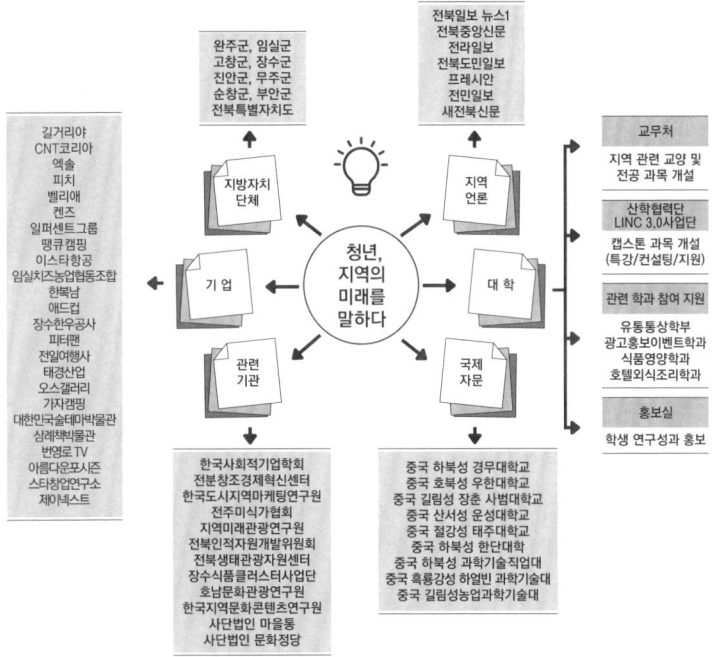

함께한 사람들

1. 대학의 협조

01 교무처

 발표회 핵심지원기관은 교무처다. 교무처는 지역 관련 교양과목과 전공과목을 개설하는 데 적극적으로 협조했다. 과목을 신설하는 것은 그리 쉬운 일이 아니다. 경제환경 변화나 시대 트렌드에 맞는다고 하더라도 무조건 개설되지 않는다. 설득과정이 필요하다. 우리는 교무처의 협조로 새로운 지식과 현장경험의 시간을 갖게 되었고, 이런 교육기회를 기반으로 학생들의 새로운 생각을 끌어낼 수 있었다.

☑ **지역 관련 과목개설**

- 지역 중심 교양과목
  혁신도시의 이해, 지역산업과 청년도전정신, 지역문화의 이해, 전북의 이해
- 지역 중심 전공과목
  새만금지역관광론, 지역축제론, 지역관광창업론, 지역 관광경영자론

- 시장 중심 전공과목
  해양관광론, 캠핑창업론, 4차산업혁명과 관광1인 미디어, 신관광사업 실무, 관광경영자론, 항공산업경영전략론
- 글로벌 중심 전공과목
  중국문화론, 글로벌음식문화론, 동아시아문화관광론

☑ 교재 제작 및 활용

학생들의 지역혁신 프로젝트를 효과적으로 지원하기 위해서는 관련 교과목의 체계적인 개설과 더불어, 교육 내용에 부합하는 적절한 교재의 마련이 필수적이었다. 이에 따라 프로젝트의 추진 과정에서는 목적과 성격에 따라 다양한 형태의 교재가 활용되었으며, 이를 크게 네 가지 유형으로 나눌 수 있다.

<u>첫째, 기존의 지역 관련 저서 활용</u>

프로젝트 초기에는 지역 문제에 대한 이론적 토대를 제공하기 위해 기존 저서들이 주요 교재로 활용되었다. 대표적으로 황태규 교수의 『신사고로 펼치는 지방시대』, 『국토 이노베이션 시대가 열린다』, 『살기 좋은 지역 만들기』, 『균형발전시대 지역마케팅 전략』 등이 있으며, 이들 저서는 지역 정책 및 전략에 대한 기초적 이해를 제공하였다.

<u>둘째, 프로젝트 과정 중 개발된 현장 중심 교재 활용</u>

프로젝트를 지속하면서, 실천 중심의 교육을 강화하기 위해 새롭게 교재를 집필하거나 번역하여 활용하였다.

번역서인 『지역브랜드 성공법칙 33』, 박수진 교수의 『장수군의 비밀』, 『지정환 신부와 임실치즈 이야기』, 황태규 교수의 『지역의 시간』 등이 이에 해당하며, 이들 교재는 프로젝트 경험을 반영하여 학습자 맞춤형 콘텐츠로 구성되었다는 점에서 교육 효과가 높았다.

셋째, 인근 지역 대학 교수들의 저서 활용

지역 간 학술 교류와 지식 공유 차원에서, 인근 지역 대학 교수들의 저서도 교육 자료로 적극 활용되었다. 군산대학교 김성환 교수의 『개벽과 상생의 문화지대, 새만금』 등이 대표적이며, 이는 학생들에게 지역의 다양한 문화적·역사적 맥락을 이해하는 데 기여하였다.

넷째, 정책 및 연구 보고서의 보조 교재 활용

지역 정책 환경에 대한 실증적 이해를 돕기 위해, 정부 및 연구기관에서 발간한 보고서들도 수업과 프로젝트 설계에 참고 자료로 활용되었다. 대표적으로 노무현재단에서 발간한 『혁신도시의 현황과 발전전략』 보고서는 교양과목 '혁신도시의 이해' 등에서 보조 교재로 사용되며 실제 지역 사례 기반의 교육에 기여하였다.

이처럼 다양한 유형의 교재는 학생들이 지역사회 문제를 단순히 학문적으로 이해하는 데 그치지 않고, 실제 현장에서의 적용 가능성과 실천력을 높이는 데 중요한 역할을 하였다. 교재 구성의 다면성과 현장성은 교육과 프로젝트의 연계성을 강화하는 데 크게 기여하였다.

02 산학협력단과 LINC 3.0 사업단

산학협력단과 LINC 3.0 사업단의 캡스톤디자인 과목은 탐방 기획을 수립하는 데에 도움을 주었다. 지역이해를 위한 현장 견학 비용 및 전문가 특강과 산학협력교수의 컨설팅 지원비용을 지원했다. 뿐만 아니라 군청, 시청에서 발표회를 개최할 경우에는 차량비와 인쇄비 등을 지원했다.

03 홍보실

홍보실은 발표회 및 연구성과를 외부에 전달하는 역할을 했다. 학생들은 언론 보도를 통해 자신들의 이야기를 접할 때마다 자부심을 느낀다고 감회를 밝혔다.

우석대 홍보실은 교내뿐만 아니라 각 지방자치단체의 홍보실과 연계하여 발표회 내용을 지역에 널리 알렸다. 산학 협력에 대한 노력, LINC 3.0 사업단의 역할을 홍보하는 데에도 중요한 역할을 했다.

04 관련학과 지원

발표 내용은 문화와 관광에 국한되지 않고 지역 산업 전반을 포괄하고 있어, 다양한 관련 학과 간의 협력이 필수적이다. 이에 따라 관련 학과 교수들의 특강 협조를 통해 학생들의 사고의 폭을 넓히고, 보다 깊이 있는 이해를 도모할 수 있었다.

실제로 본 프로그램에는 관광학과뿐만 아니라 타 학과 학생들도 자발적으로 참여하였으며, 관광학과를 중심으로 타 전공의 참여를 적극 유도함으로써 전문성을 확장하고, 학문 간 경계를 넘는 융합적 접근을 통해 기존의 한계를 극복하고자 하였다.

- **유통통상학부:** 유통통상학부는 부안군 '차이나교육문화특구 만들기' 프로젝트 준비과정에서 학생들이 직접 중국문화를 체험할 수 있도록 기회를 주었다. 또 부안군에 거주하는 중국인을 대상으로 진행한 '국제관광 인재양성 교육프로그램'을 개발하고 실행하는 데에 도움을 주었다. (담당 교수: 전홍철 교수)

- **광고홍보 이벤트:** 광고홍보 이벤트에서는 이벤트와 축제 관련 특강교육을 맡아주었다. 전문성이 필요한 이벤트와 축제개발 아이디어는 광고홍보 이벤트 학생들이 참여하여 가

치를 높였다. (담당 교수: 강순화 교수)

◯ **식품영양학과**: 음식관광 과목개설에 대한 조언 및 교육협조가 있었다. 식품영양학과 학생들도 발표회에 함께 참여하여 발표회의 가치와 전문성의 수준을 높였다. (담당 교수: 오석홍 교수)

◯ **호텔외식조리학과**: 호텔외식조리학과에서는 학생들이 발표회 및 공모전에 직접 참여했다. 덕분에 음식관광 분야에서 전문성과 실행능력을 높이고, 다채로운 발표회를 만들 수 있었다. (담당 교수: 박기홍 교수)

2. 기업의 협조

우석대학교에 '가족기업'이라는 제도가 있다. 관광학과와 관련된 가족기업에는 호텔을 비롯한 숙박업, 국내 최초이자 최대 한복 대여업 '한복남', 국내 최대 캠핑 앱 업체 '땡큐캠핑', 캠핑카 제조기업 '가자캠핑', 지역 내 최대 규모 여행업체 '전일여행사', 갤러리형 레스토랑 '오스갤러리', 지역항공사 '이스타항공', 농식품 기업 '장수한우지방공사'와 '임실치즈농협', '밸리애' 등이 있다. 이

기업에서 대표자 특강, 현장 컨설팅, 프로젝트 후원 등 다양한 역할을 해주었다.

☑ **주요 참여 기업**

기업명	대표	업종	참여 구분
길거리야	정의경	요식업	프로젝트 대상 및 후원/교육/컨설팅
㈜가자	전용희	캠핑카제조	프로젝트 대상 및 후원/교육/컨설팅
밸리애	이기채	유가공업	프로젝트 대상 및 후원/교육/컨설팅
임실치즈농협	설동섭	유가공업	프로젝트 대상 및 후원/교육
장수한우지방공사	최진구	축산업	프로젝트후원/교육
이스타항공	최종구	항공업	프로젝트 대상 및 후원/교육
㈜한복남	박세상	의류임대업	프로젝트 대상 및 후원/교육/컨설팅
전일여행사	조선	여행업	프로젝트 대상 및 후원/교육
완주 책박물관	박대헌	박물관업	프로젝트 대상 및 후원/교육
대한민국 술테마박물관	박영국	박물관업	프로젝트 대상 및 후원/교육
오스갤러리	전해갑	요식업 등	프로젝트 대상 및 후원/교육
땡큐캠핑	강동구	소프트웨어제작업	프로젝트 대상 및 후원/교육/컨설팅
태경산업	김승우	섬유제조업	프로젝트 후원/교육
아름다운포시즌	송영식	여행업	프로젝트 후원
캔즈	김준우	디자인업	프로젝트 대상 및 후원/교육/컨설팅

SS창업경영연구소	유성우	교육업	프로젝트 후원/교육
(유)투나인	이덕우	문화콘텐츠제작업	프로젝트 후원/교육
번영로TV	장세훈	영상제작업	프로젝트 후원/교육
정앤서	서윤정	컨설팅	프로젝트 후원/교육
세이플러스팜	김기덕	건강식품유통	프로젝트 후원/교육/컨설팅
애드컴	김성한	이벤트기획	프로젝트 후원/교육/컨설팅
CNT코리아	문기원	주방용품제조업	프로젝트 후원
㈜피치	강선구	AI관광업	프로젝트 후원/교육

3. 기관의 협조

프로젝트에는 다양한 학회, 공공기관, 연구기관의 적극적인 협조가 있었다. 특히 한국사회적기업학회는 사회적 약자인 지역 청년에 대한 관심이 높아, 대부분의 행사를 공동으로 주관하며 실질적인 역할을 담당했다. 아울러 한국관광공사 전북지사, 전북특별자치도 문화관광재단, 완주문화재단, 고창문화관광재단, 순창발효관광재단 등 관광 관련 중앙·광역·기초기관들이 행사 초기 아이디어 기획 단계부터 컨설팅, 최종 발표대회에 이르기까지 전 과정에 긴밀히 참여했다.

또한 전북창조경제혁신센터는 항공관광 아이디어 발표회를, 한국도시지역마케팅연구원은 지역 관광기업 혁신 아이디어 발표회를 각각 주관하며 청년들의 창의적 제안을 제도화하는 데 기여했다. 전주미식가협회는 음식관광 관련 컨설팅과 심사에 참여했고, 전북생태관광지원센터는 생태관광 교육을 맡아 관광자원의 지속가능한 활용에 대한 인식을 제고했다. 마지막으로 전북인적자원개발위원회는 지역의 미래를 위한 새로운 일자리 창출 교육을 통해 청년들의 실질적 진로 모색을 도왔다.

☑ **협업 학회 및 기관명**

학회 및 기관명	참여자	참여 부분
한국사회적기업학회	이사장 권형남	행사주최 및 주관
한국도시지역마케팅연구원	이사장 황태영	행사주최 및 주관
전북창조경제혁신센터	센터장 김진수	행사후원
전주미식가협회	회장 박수진	행사후원 및 교육/컨설팅
지역미래관광연구원	원장 김세곤	행사후원 및 교육/컨설팅
전라북도 인적자원개발위원회	사무국장 백승만	교육/컨설팅
전북생태관광지원센터	센터장 박종석	교육/컨설팅

장수식품클러스터사업단	단장 서병선	행사후원 및 교육/컨설팅
호남문화관광연구원	원장 이두엽	행사후원 및 교육/컨설팅
한국지역문화콘텐츠연구원	원장 서병로	행사후원 및 교육/컨설팅
완주마을여행사업단 (사)마을통	대표 임채군	행사후원 및 교육/컨설팅
한국관광공사	전북지사장 오충섭	행사후원 및 교육/컨설팅
전북관광협회	회장 조오익	행사후원 및 교육/컨설팅
전북특별자치도 문화관광재단	대표 이경윤	행사후원 및 교육/컨설팅
한국종합경제연구원	이사장 권형남	행사후원 및 교육/컨설팅
완주문화재단	상임이사 정철우	행사후원 및 교육/컨설팅
태권도진흥재단	사무총장 이종갑	행사후원 및 교육/컨설팅
고창문화관광재단	상임이사 안종선	행사후원 및 교육/컨설팅
순창발효관광재단	대표 선윤숙	행사후원 및 교육/컨설팅

4. 국제적인 자문

우석대학교 박사 과정에서 연구 중인 중국대학 현직 교수님들의 참여도 큰 몫을 했다. 심사위원으로 활동하고, 때로는 컨설팅 지원도 해주었다. 특히 한국 최다 방문객인 중국 관광객 대상

관광상품 개발과 마케팅 방안에 대한 유용한 아이디어를 제시하고, 특강에도 참여했다.

☑ **국제컨설팅 참여자**

대학명	학 과	성 명
중국 길림성 장춘사범대학교	인문지리학과	풍지백
중국 산서성 운성대학교	관광학과	이건봉
중국 산서성 운성대학교	관광학과	료사순
중국 하북성 경무대학교	애니메이션학과	이강
중국 하북성 경무대학교	도시계획학과	한소경
중국 하북성 경무대학교	관광학과	한금휘
중국 하북성 경무대학교	관광학과	유영
중국 호북성 우한선박직업기술대	관광학과	여천
중국 호북성 우한선박직업기술대	관광학과	경문뢰
중국 절강성 태주대학교	관광학과	조려려
중국 하북성 한단대학	관광학과	양지국
중국 하북성 과학기술직업대학	도시계획학과	길세호
중국 흑룡강성 하얼빈과학기술대	도시계획학과	왕보군
중국 길림성 농업과학기술대	관광학과	진제양
중국 강소성 삼강대학교	관광대학	왕려
중국 산동성 연태남산대학교	관광학과	종루

5. 지방자치단체의 협조

'청년, 지역의 미래를 말하다'는 지역을 대상으로 하는 청년 참여 지역정책 개발프로그램이다. 따라서 지자체의 협력이 절대적이다. 다행히 지자체마다 적극적으로 협조해 주어서 행사를 계획한 대로 무사히 진행할 수 있었다. 기획 단계부터 마지막 발표회까지는 여러 고민과 상당한 노력이 요구되는데, 마다하지 않고 기꺼이 협력했다. 지역 이슈 발굴 - 탐방 - 교육 - 행사 진행 전 과정에 관여하고, 심사위원 활동, 별도의 시상제도, 기념품 증정 등의 후원도 아끼지 않았다.

6. 지역 언론의 관심

지역 언론의 관심과 보도 활동은 학생들에게 큰 자긍심을 갖게 했다. 발표회 기사를 통해 지역사회에 청년들의 참여 의지와 역할을 알리는 데 지역 언론이 특별히 노력해 준 것이다.

청년은 무엇을 남겼는가?

작은 아이디어가 지역을 흔들다 – 변화를 만든 다섯 가지 결과

교육자의 역할은 무엇인가? 스스로 열정을 갖고 학생에게 그 열정을 쏟아붓는 것이리라. 교육자의 꿈은 무엇인가? 학생이 뜨거움을 느끼고 함께 뜨거워지는 것이다. 황태규 교수는 그런 사람이다. 황 교수는 자신의 고향으로 돌아와 지역의 문제를 인식하고, 가르치는 학생들을 현장에 참여하도록 했다. 성과 위주로 글을 정제하지 않고 날 것 그대로를 보여주는 데는 분명 이유가 있을 것이다. 이 책에는 행정과 상의하여 주제를 정하고, 학교에 관련 과목을 개설하고, 관련 전문가에게 강의를 부탁하고, 발표회를 개최하기까지의 전 과정이 실려있다. 이런 것이 진화하여 지역혁신전략이 되는 것이 아닐까 생각한다.

상지대학교 총장 성 경 륭 (前 대통령 비서실 정책실장)

> 청년의 말은 어떻게 시작되었는가? - 지역을 향한 첫 문장들
> # 3장. 청년은 무엇을 남겼는가?
> /
> 작은 아이디어가 지역을 흔들다 - 변화를 만든 다섯 가지 결과

1. 학생들에게 미친 영향

01 지역에 대한 자부심

프로그램을 진행하면서 학생들이 변화했다. 학생들은 전라북도가 경제적으로 열악한 지역이라는 말을 공공연하게 들어왔기 때문에 기대할 것이 별로 없는 지방이라고 생각했다. 그러나 관심을 가지고 살펴보니 전북의 자연적·문화적 가치를 이해하게 되었다. 지역마다 특화할 수 있는 관광자원이 많다는 것도 알게 되었다. 지역자원을 제대로 상품화하고 홍보한다면 충분히 경쟁력이 있다고 생각했다. 자연스럽게 지역에 대한 자부심이 자라난 것이다.

02 학생들의 자존감

발표회는 미흡한 부분도 많았다. 때로는 준비가 부족한 때도 있었다. 전문가의 객관적인 심사평을 듣고 나서야 무엇을 놓쳤는지 뒤늦은 반성하기도 했다. 칭찬을 받은 적도 많다. 학생임에도 불구하고 지역의 이슈를 잘 이해하고 있고, 방향 제시도 적절했다는 평가였다. 해결방안을 모색하는 과정이 구체적이라는 평가도 있었다. 특히 지자체장, 기업 대표, 학회로부터 수상할 때는 참여한 모든 팀원이 환호했다. 발표를 마치고 단체 사진을 찍으면서 한 학생이 말했다. "지적은 잊고 칭찬만 기억하겠다!" 그 농담에 다들 웃었다.

03 문제 해결방식의 실행 경험

학생들은 자신이 사는 지역을 이해하기 위해 단계적으로 접근했다. 지역사회가 안고 있는 문제를 발굴하고, 그 문제에 접근하는 방법을 찾았다. 그리고 관광학도로서 어느 수준의 해결방안을 제시해야 하는지를 고민했다. 제출한 아이디어가 실현 가능성이 있는 것인지도 점검했다. 그렇게 하는 사이에 자연스럽게 문제 해결방식 프로세스를 습득하게 되었다. 이것은 발표회의 가장 큰 소득이다. 사회를 보는 눈, 시장을 보는 눈, 학교를 보는 눈, 그리고 자신을 보는 눈의 변화를 체험했다.

04 현장수업의 가치 인식

관광수업은 현장과 밀착되어 있다. 일반적인 강의만으로는 충족하기 어렵다. 발표회를 준비하면서 지역 탐방의 기회를 만들었고, 덕분에 실질적인 관광수업이 가능했다.

현장수업은 현황 파악뿐만 아니라 관광기획자나 관광기업의 실무자로 투입되어도 무리가 없을 정도의 현장실무 능력을 체득하도록 기획했다. 특히 신규 과목(캠핑관광창업론, 4차산업혁명과 관광 1인 미디어, 신관광사업개발론 등)을 통해 관광산업개발 능력을 향상시켰다.

05 지역 일자리 고민의 시작

학생들은 지역 내에 일자리가 부족하다는 것을 알고 있고, 있다고 하더라도 자신의 요구를 충족시키지 못할 것이라 여기기 때문에 너도나도 수도권 내 직장을 원한다.

청년이 지역을 떠나지 않으려면, 지역 내 대졸자가 할만한 일거리가 있어야 한다. 프로젝트에 참여한 학생들을 대상으로 설문조사를 해보니 상당수가 월급만 크게 차이가 나지 않는다면 지역에서 일하는 것을 고려해 볼만 하다고 답했다. 지역 내에서도 전공을 살릴만한 일자리가 생길 수 있다는 믿음이 생겼기 때문이다. 지역을 샅샅이 살펴보고, 충분히 이해하고, 새로운 시도를 해보는 훈련을 함으로써 얻은 값진 대가이다.

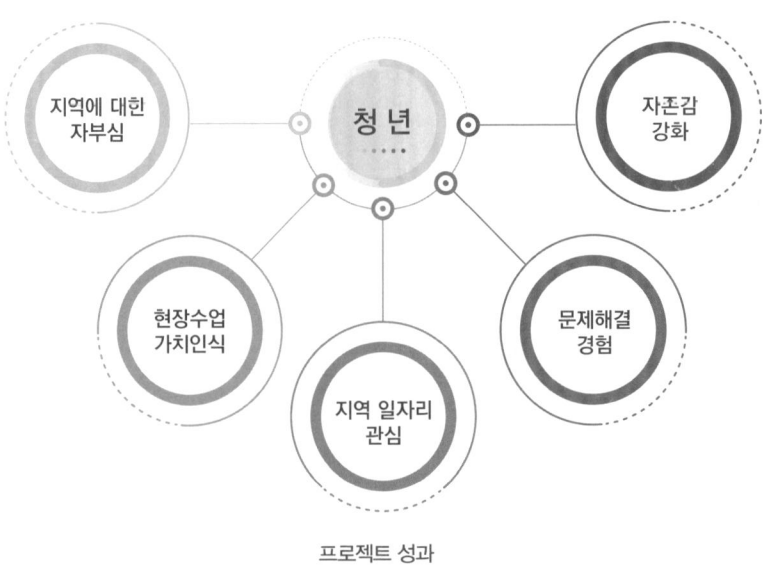

프로젝트 성과

2. 지역에 미친 영향

01 지역관광발전에 기여

학생들이 제안한 정책 아이디어는 비록 관광사업 개발계획을 전문적으로 수행하는 용역사 수준에는 미치지 못하지만, '참신성'에 있어서는 매우 높은 평가를 받았다. 전문가들은 이 아이디어들이 다소 거칠기는 해도, 조금 더 체계적이고 논리적인 준비가 뒷받침된다면 대부분이 실제 관광상품으로 개발될 수 있는 잠재력을 지닌다고 보았다. 오히려 반복적이고 형식적인 복사본 수준의 기존 용역보고서보다도 창의성과 현실성 면에서 더 나은 평가를 받았으며, 이러한 점이 지역 발전의 새로운 통로를 여는 기폭제로 작용한 것이다. 무엇보다도 이번 과정을 통해 지역관광발전을 위한 혁신적 아이디어를 정책화할 수 있는 틀이 마련되었다는 점에서 큰 의미가 있다. 한국관광공사 전북지사, 전북특별자치도 문화관광재단, 완주문화재단, 순창발효관광재단, 고창문화관광재단 등 관광 관련 주요 기관들이 유기적으로 협력하여 지역의 새로운 혁신 아이디어를 발굴하고 이를 구체적인 정책과 사업으로 연계하는 구조를 만들었다는 점은, 향후 지속 가능한 지역관광 모델을 구축하는 데 있어 중요한 기반이 될 것이다.

02 관광기업 발전에 기여

지역 내 관광기업은 학생들의 탐방 대상이자 현장수업을 하는 공간이 되었다. 기업이 청년들에게 공간을 열어주고 응원해 주었다. 작업장에 학생들이 찾아오는 것이 귀찮을 법도 하건만 기업 대표들은 기꺼이 허락했다.

관심을 가지고 현장수업에 임하는 모습을 보며 뿌듯해했다. 학생들은 현장방문 전에 '지역관광기업 경영자론' 과목을 통해 기업인의 역할과 책임에 대해 배웠다.

지역의 관광기업인이 지역경제에 있어 얼마나 소중한 사람이고, 그 일이 얼마나 중요한 일인지 알게 되었다. 이후에 관광기업 탐방이 이루어졌을 때, 학생들은 기업가와 작업자를 존중했으며, 작업에 방해되지 않도록 신경을 썼다. 이런 배려가 있었기에 지역대학과 지역관광기업이 상생할 수 있는 '신사업 방향'에 대해서도 깊이 연구할 수 있는 계기가 되었다.

지자체 기업

3. 외국 청년에게 미친 영향

01 중국에서 벤치마킹

 2022년 6월 중국 길림성 '장춘사범대학'에서는 중국판 '청년, 지역의 미래를 말하다'를 시작했다. 행사 기획자는 장춘사범대 지리학과 풍지백 교수이다. 그는 한국에서 '청년, 지역의 미래를 말하다' 프로그램에 수차례 참여(컨설팅 등)한 경험을 바탕으로 중국에서 '청년, 지역의 미래를 말하다' 발표회를 개최한 것이다. 그래서 우석대학교와 '청년, 지역의 미래를 말하다' 기획팀은 앞으로도 중국의 '청년, 지역의 미래를 말하다' 프로그램 발전을 위해 다각도 지원을 약속했다. 뿐만이 아니라 향후 아시아 각국을 대상으로 아시아의 지역발전을 청년들이 견인하는 공동프로그램을 진행할 계획이다.

이제, 어디로 나아갈 것인가?

더 넓게, 더 깊게, 더 많이… 미래를 향한 구조화된 도전

현재 최대의 관심사는 청년이다. 청년정책은 청년에게 무엇을 주려고 하기 전에 청년을 이해하는 것이 우선이고, 지역은 청년에게 지역이 어떤지 이해하도록 기회를 주는 것이 우선이다. 나는 이 책을 통해 우석대가 지역 이해의 단계를 넘어 청년이 직접 지역발전 아이디어를 제시하는 단계에 이르렀다는 것을 알게 되었다. 내가 사는 지역에도 이런 프로그램을 도입해야겠다는 생각을 한다. 이 책은 향후 부산 경남 청년들의 지역참여방안을 만드는 데 좋은 지침서가 될 것으로 보인다.

부산대학교 사범대학 학장 김 홍 수 (前 청와대 교육문화비서관)

> 청년의 말은 어떻게 시작되었는가? - 지역을 향한 첫 문장들
>
> ## 4장. 이제, 어디로 나아갈 것인가?
>
> /
>
> 더 넓게, 더 깊게, 더 많이… 미래를 향한 구조화된 도전

1. 더 넓게

지방자치단체는 수도권과 비교했을 때 모든 면에서 열악하다. 경제 분야는 더욱 그렇다. 그래서 새로운 비즈니스 발굴과 새로운 상품 개발을 더욱더 고민해야 한다. 새로운 것을 만들려면 새로운 생각이 필요하다. 창의적인 아이디어가 새로운 일자리를 만든다. 지역은 청년 일자리를 만들기 전에 청년의 생각을 지역에 어떻게 담을 것인가를 고민할 필요가 있다. 개개인의 창의적 아이디어와 지식이 경험을 통해 표출되고, 네트워크를 형성할 수 있도록 개별적 활동을 돕는 교육과정과 정책이 필요하다.

지금까지의 '청년, 지역의 미래를 말하다'에서 담아낸 것은 문화관광 분야이다. 참여 학생 대부분이 관광학과서 폭넓게 다

루지 못했다. 따라서 참여 영역을 확대해 운영할 계획이다. 참여 대상을 학과 중심에서 학교 전체로, 연구 영역을 문화관광산업에서 다양한 산업군으로 확대하고자 한다. 그간 타 학과의 실험적 교류가 있었으므로, 큰 무리는 없을 것으로 본다. 더 나아간다면 대학과 대학의 연대, 교육부와의 협력 등을 통해 전국형 '청년, 지역의 미래를 말하다'를 만들 수도 있을 것이다.

2. 더 깊게

학생들의 발표회는 많은 사람으로부터 칭찬과 응원을 받았으나 완성도 측면에서는 충분하지 않았다고 자평한다. 참신성은 높은 점수를 받았으나 실현 가능성은 중간 점수, 사업계획의 타당성은 조금 부족한 것으로 나타났다. 해를 거듭할수록 교육프로그램을 다양화하고, 전문 멘토의 참여 횟수가 증가하면서 전반적인 수준은 향상되었으나, 아이디어 측면에서만 우수 평가를 받은 것이다. 따라서 그간의 프로그램을 보다 정밀하게 전개할 계획이다. 청년 아이디어를 곧바로 실행에 옮길 수 있을 정도의 수준을 만들기 위한 기반을 다지고, 발표 내용 완성도를 높이는 데에 중점을 둘 것이다.

3. 더 많이

첫째는 학교 내 관련 연구소와의 협력이다. 학부생과 대학원생이 협력하는 시스템을 구축하는 것이다. 예를 들면 학부 학생의 발표주제와 발표 내용이 석·박사의 논문으로 이어질 수 있도록 하는 '학제 간 연계 구도'를 마련하는 것이다.

둘째는 지자체 및 관련 기관과의 협력 강화이다. 그동안의 아이디어는 일부분만 실행되었고, 발표행사에 그치는 경우도 있었다. 따라서 발표회 이후에 별도의 모니터링 회의를 열 계획이다. 대학연구소와 지자체 정책연구팀이 참여하여 구체적인 실행방안을 찾아야 학생들의 신선한 아이디어가 사장되지 않는다.

셋째는 학교, 기업, 지자체의 선순환구조 확립이다. 지역의 이슈발굴, 지역기업의 문제점 발굴 및 대안 개발에 훈련된 학생이므로 대학원 진학, 기업 채용, 지자체 사업 참여 등의 활동을 할 수 있도록 연계 구조를 갖추는 것이다. 이를 위해 우석대학교 내 '혁신성장연구소'를 개편·확대하여 지역별 연구팀을 신설할 계획이다. 여기에는 학부연구원, 석사연구원, 박사연구원 체계를 갖추어 운영할 계획이다.

4. 미래 비즈니스와 결합

 새로운 직업, 새로운 비즈니스모델을 만들 계획이다. 특히 '관광기업과 경영자 연구'는 새로운 비즈니스모델이 필요하다. 예를 들면 지역관광기업의 '한국형 순례관광 개발모형', 지역 캠핑카업체를 중심으로 한 '캠핑관광산업클러스터모형', 갤러리형 카페의 '굿즈 개발' 등이 있다. 전북은 국내 최고의 인문학 여행지를 지향하고 있다. 그 진가를 보여줄 수 있는 전북 특유의 직업과 비지니스를 창출하도록 특별히 노력할 것이다.

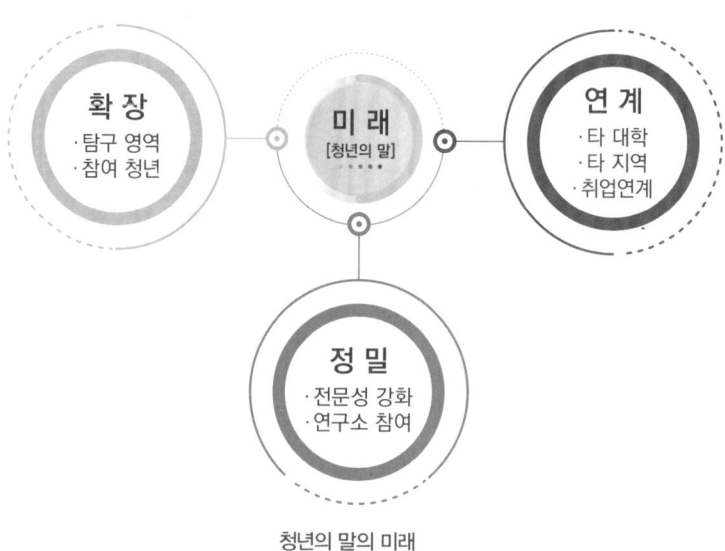

청년의 말의 미래

2부

청년이 지역에 새긴 말들

17개의 이야기, 17개의 미래

청년, 새만금의 미래를 말하다

허허벌판 위에 창조적 관광의 씨앗을 뿌리다

'청년, 지역의 미래를 말하다'라는 프로그램은 청년들이 앞장서고 지역의 기업 그리고 전문가들이 멘토가 되어 지역의 청년들이 지역의 산업을 그리고 지역의 기업을 바꾸는 아이디어를 생성하도록 돕는 프로그램입니다. 저는 바로 이러한 프로그램이 기업가정신의 새로운 시작이라고 봅니다. 가장 열악한 지역에서 기업가정신이 태동하는 것을 보고 다시 한번 희망의 대한민국을 기대해 봅니다. 우리 한국청년기업가정신재단도 함께할 수 있는 프로그램을 적극적으로 찾아보겠습니다.

前 한국기업가정신재단 이사장 남 민 우

청년이 지역에 새긴 말들 - 17개의 이야기, 17개의 미래

1장. 청년, 새만금의 미래를 말하다(2013. 12. 20.)

/

허허벌판 위에 창조적 관광의 씨앗을 뿌리다

1. 동기

2010년 4월, 새만금 방조제 개통 이후 관광객이 모여들면서 지역 내 관광상품 수요가 급증했다. 그러나 공공부문에서는 방조제 자체를 관광상품이라 여겼다. 새만금 허허벌판에 관념적인 사업만 퍼부었다.

예를 들자면 '공연장' 같은 것이다. 누가 공연을 보러 새만금까지 간다는 말인가? 관광지의 환경은 고려하지 않았고, 특징을 살리지도 못했다. 우석대학교 '청년, 지역의 미래를 말하다' 팀은 지역관광산업 활성화에 도움이 되고자 새만금지역의 관광상품 개발을 이슈로 도출하고, 문제해결을 위한 아이디어 회의를 시작했다.

2. 과정

우석대학교 창업교육센터 주관으로 교내 학생들을 대상으로 참가자를 모집하여, 총 30명이 선발되었다. 이들은 2박 3일간의 일정으로 새만금 일대에서 현장학습을 진행하였다. 탐방 기간 동안 학생들은 새만금 주변의 관광자원을 직접 조사하며 그 현황을 파악하는 데 집중하였다. 이번 프로그램에는 관련 분야의 전문가들도 함께 참여하여 자원 분석과 교육을 담당하였으며, 학생들은 '소리', '빛', '축제', '음식'의 네 가지 주제를 중심으로 팀을 구성하였다. 각 팀에는 전문가 멘토가 배정되어, 학생들의 아이디어가 현장에서 실현 가능하도록 실질적인 조언과 지도를 담당하였다.

3. 내용

2013년 12월에 시작한 '청년 지역의 미래를 말하다'의 '지역자원 활용 소셜 비즈니스 아카데미 - 미래의 땅, 새만금' 발표회는 총 4가지 주제로 2014년 1월 17일에 진행되었다.

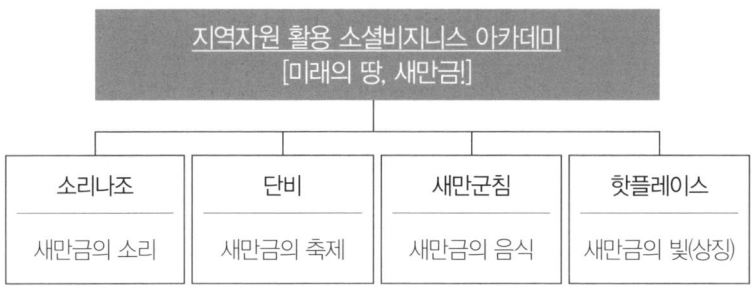

01 팀명 〈소리나조〉 - 주제 '새만금의 소리'

소리나조는 새만금 주변에서 들을 수 있는 자연의 소리에 집중했다. 바람, 파도, 뱃고동 소리 등을 새만금 상징소리로 확정했다. 그 후 현장에서 직접 녹음 작업을 했다. 발표회에서는 새만금 관련 기관인 농어촌공사와 새만금개발청의 통화대기음으로 사용하는 방안을 제안했다. 아이디어 구상에만 그치지 않고 실용안을 제시했다는 평가를 받았다.

02 팀명 〈단비〉 - 주제 '새만금의 축제'

당시의 새만금에는 여러 행사가 있으나 '새만금'이라는 이름을 사용하거나 관광상품으로 활용할만한 것은 없었다. 일회성 이벤트나 공연만 열렸기 때문에 주변의 관심을 이끌지 못한 상황이었다. 그래서 축제팀은 새만금을 대표하는 축제를 기획하기로 했다. 광활한 새만금에 연을 띄우는 '새만금 연날리기 세계대회'를 구상했다. 이를 위해 세계의 유명한 연날리기 축제와 축제 프로그램을 조사했다. 그 결과 연날리기 축제뿐 아니라 DIY 연 만들기 체험도 기획했다. 이 연을 체험 및 관광기념품으로 팔 수 있도록 직접 제작하여 시연행사를 했고, 휴게소 판매대에 비치하여 어린아이를 동반한 관광객이 즐길 수 있도록 했다.

03 팀명 〈새만군침〉 – 주제 '새만금의 음식'

음식을 맡은 '새만군침' 팀은 우석대학 외식조리학과 학생들이 중심이 되었다. 이들은 첫째, 새만금 주변의 수산물, 농산물 등의 다양한 식재료를 조사했다. 둘째, 여행 음식의 트렌드 중 간편식에 집중하여 간편식 및 테이크아웃이 가능한 도시락 형태의 메뉴 개발을 선택했다. 셋째, 새만금이 동아시아를 상징하는 국제관광지를 지향한다는 것을 염두를 두고 새만금을 상징하는 음식으로 '새만부리'라는 새로운 덮밥을 개발하였다. '새만부리' 덮밥은 중국의 대표 음식인 만두와 일본을 대표하는 음식인 돈

부리를 결합한 새로운 음식이다.

04 팀명 〈핫플레이스〉 - 주제 '새만금의 빛(상징)'

시각디자인 팀은 새만금의 관광기념품을 만들기로 했다. 시각적 효과를 접목한 상품을 기획하고, 새만금을 표현할 상징으로 서해안 일대에서 서식하는 상쾡이 캐릭터를 그렸다. 새만금 상징 아이디어를 찾기 위해 관련 기사를 검색하고, 수년 전 새만금에서 수백 마리의 상쾡이의 사체가 떠올랐다는 기사에 초점을 맞췄다. 앞으로 새만금지역을 상쾡이가 살 수 있는 환경으로 만들자는 염원을 담아 상쾡이를 상징물로 선정하였다. 시각디자인 팀은 캐릭터 디자인을 활용하여 티셔츠, 양말, 컵 등의 새만금 관광상품을 제작하였다.

4. 가치 [㈜한복남 대표이사 박세상]

2010년 새만금방조제 완공되자마자 '새만금관광'이라는 말이 나왔다. 활기를 띨 것이라고 기대했으나 몇 년이 지날 때까지 방문객들은 자동차를 이용해 긴 방조제를 달릴 뿐이었다. 볼거리, 먹거리, 즐길 거리는 어디에서도 찾을 수 없었다. 2013년 우석대학교 학생들은 새만금 관광상품을 기획했고, 나는 멘토로 참여했고 성과를 알리는 발표회의 진행도 맡았다.

학생들과 함께 새만금을 상징하는 소리, 음식, 축제, 빛을 개발하기 위해 현장을 찾았고, 제안서 발표를 위해 팀별로 열심히 준비했다. 새만금에서 들을 수 있는 소리를 모아 '지역민의 컬러링'으로 사용하자, 광활한 공간을 활용하여 한국 최대의 '새만금 연날리기 축제'를 열자는 의견은 독창성이 있었다. 실지로 연을 제작하여 시범적으로 연날리기를 보여주기도 했다. 특히 새만금에서 종종 모습을 드러냈던 상괭이를 보호하자는 의미에서 상괭이 캐릭터를 그리고 기념품을 만들어 판매를 시도하기도 했다.

당시 꽤 쌀쌀한 날씨였는데 추운 줄도 몰랐다. 바다에서 불어오는 칼바람도 학생들의 재미와 열정을 꺾지 못했다. 13년 전의 일이니 흐려질 만한 기억이련만 또렷하게 생각난다. 나는 관광상품 개발 아이디어 회의 과정에서 파생된 뜻밖의 상품에 더 애정이 갔다. 예를 들면 상괭이 캐릭터 모자와 양말 같은 것은 정말 관광기념상품으로 손색이 없을 정도로 완성도가 높았기 때문이다. 멘토였지만 멘티들에게 더 많이 배운 행사였다.

첨부 자료

발표회 자료집

강의 교재

발표회 사진

보도 자료

2부. 청년이 지역에 새긴 말들

청년, 지역축제의 미래를 말하다

완주에서 시작된 여섯 개의 축제 상상력

지역은 어렵습니다. 지역의 청년은 더 어렵습니다. 그래서 지역은 청년에 집중적인 투자를 해야 합니다. 우리 진흥원은 전북이 가지고 있는 최적의 자원인 농생명자원을 토대로 전라북도의 대표 전략산업인 농생명·바이오·식품산업에 집중하고 있습니다. 새로운 산업에는 청년들의 새로운 생각과 아이디어가 절실합니다. 그래서 우리 진흥원에서는 바로 '청년, 지역의 미래를 말하다' 프로젝트 중 농생명·바이오·식품산업 버전인 '청년, 전북 농생명산업의 미래를 말하다' 프로그램을 준비하겠습니다.

전북바이오융합산업진흥원 원장 이 은 미

> 청년이 지역에 새긴 말들 - 17개의 이야기, 17개의 미래
>
> ## 2장. 청년, 지역축제의 미래를 말하다 (2014. 12. 15.)
>
> 완주에서 시작된 여섯 개의 축제 상상력

1. 동기

 2014년 가을, 완주군 지역관광 활성화를 위해 우석대학교와 마을관광전문단체인 (사)마을통이 MOU를 체결했다. 이후 첫 번째 사업으로 '청년, 지역의 미래를 말하다' 발표회를 개최하기로 했다. 당시 완주군은 로컬푸드시스템, 커뮤니티비즈니스, 마을기업 등 공동체 활성화를 기반으로 한 다양한 사업들을 전개하고 있었다.

 이러한 자원을 엮어낸다면 시너지효과가 높은 관광상품을 만들어내기에 충분한 지역이었다. 여기에 청년들의 관광아이디어를 덧붙이면 파급력을 갖게 될 것이라는 기대를 품고 접근하였다.

2. 과정

학생들은 먼저 완주군의 다양한 관광자원을 조사했다. 특히 완주군 대표 축제인 '와일드푸드축제'에는 전원이 참여하여 각각의 프로그램을 체험했다. 마을관광 전문업체인 ㈜마을통과 함께 축제 현황에 대해 분석하고, 확대방안을 논의했다.

로컬푸드라는 장점을 살리되, 완주군의 다양한 자원을 활용한 축제를 만들고자 고민하기 시작했다. 그 결과 최종 6개 축제 아이디어를 제안하였다.

3. 내용

2014년 12월 15일, '청년 지역의 미래를 말하다'의 '대학생 지역관광 아이디어 발표회(축제의 도시 완주군 만들기 프로젝트)'에서는 총 6가지 축제 아이디어를 발표하였다.

01 팀명 〈레드윅〉 - 주제 '차이나푸드 축제'

레드윅 팀은 삼례읍의 거주인구특성에서 축제의 답을 찾았다. 삼례읍에는 전체 성인인구 중 중국인 비중이 10%에 이를 정도로 중국인 거주 비율이 높다. 학생들은 거주민의 특성을 활용하여 중국문화축제를 기획하기로 했다. 중국문화축제는 다수의 유학생과 다문화 가정의 참여를 기반으로 한 지역 내 문화축제이다.

축제 프로그램에는 중국 유학생을 대상으로 하는 '유학생 벼룩시장', 한국인을 대상으로 하는 '중국가요 노래자랑', 중국인을 대상으로 하는 '한국가요 노래자랑' 등이 포함되어 있다. 또 한국인과 중국인이 함께 참여하는 '즉석 소통의 공간' 등의 제안도 있었다. 학생들은 이 축제가 '중국인이 가장 행복한 한국, 삼례'가 되기를 염원하는 마음을 담았다.

02 팀명 〈캠퍼〉 - 주제 '완주 캠핑푸드 축제'

캠퍼 팀은 뜨거워진 캠핑관광시장에 주목했다. 먼저 완주군에 있는 캠핑장을 조사하고, 대표적인 10개의 캠핑장을 선정하여 현장답사를 다녀왔다. 완주군이 로컬푸드로 명성을 얻었고, 슬로우푸드의 고장으로 알려져 있기는 하지만 완주군 캠핑장에서 사용되는 식재료는 상당 부분이 패스트푸드라는 사실을 알게 되었다. 다른 지역과 다를 것이 없다는 점에서 착안, 로컬푸드 활용 방안을 모색하게 되었다.

로컬캠핑푸드는 우리 지역에서 생산되는 식재료를 이용하여 건강한 캠핑을 즐기자는 취지이다. 간편하면서도 신선도를 유지할 수 있는 재료를 모아 패키지로 만들어 상품화하자는 내용으로 국내 최초 '캠핑푸드 축제'를 제안했다.

03 팀명 〈만강〉 - 주제 '만경강 물 축제'

만강 팀은 여름 축제를 고안하기 위해 완주군이 가진 자산 중에서 물에 주목했다. 완주군은 국내 최초의 댐인 대아리 저수지를 비롯하여 경천저수지, 구이저수지 등의 대형 수자원을 가지고 있는 '물의 도시'이다. 물의 도시임을 입증하는 대표적 상징은 바로 만경강이다. 그래서 '만경강 물 축제'를 제안하였다.

장흥군의 물 축제와 태국의 송크란 물 축제를 사례로 공부한 다음, 완주군의 특성과 만경강 환경에 맞는 물 축제 음식, 물 축제 생태프로그램 등을 제안하였다.

04 팀명 〈골든타임〉 - 주제 '완주 맥주 축제'

골든타임 팀은 완주군의 산업자산이자, 대표 기업 중의 하나인 하이트맥주 완주공장에 관심을 가졌다. 우리나라에는 이미 여러 개의 맥주 축제가 있으므로 어떻게 특화할 것인가를 고민했다. 중국의 청도 맥주 축제와 일본의 삿포로 맥주 축제는 맥주 공장을 중심으로 축제를 시작했다. 하지만 우리나라의 경우는 치맥 축제나 가맥 축제처럼 지역음식문화와 스토리를 중심으로 만들어졌다. 이런 차이점을 고려하여 완주만의 특별한 맥주 축제를 기획했다.

음식을 테마로 한 맥주 축제가 아니라 맥주 생산지를 중심으로 한 종합적인 맥주 축제를 만들기로 한 것이다. 학생들은 하이트 맥주 공장이 있는 완주에서 세계의 유명 맥주 축제와 어깨를

겨룰 만한 한국형 맥주 축제를 만들자고 제안하였다. 이 기획에는 청도 맥주 축제에 직접 참여했던 중국 유학생들이 포함되어 있었다.

05 팀명 〈막걸리나〉 - 주제 '전통술 축제'

막걸리나 팀은 완주군의 전통주를 소재로 축제를 개발했다. 완주군에는 전국 최대 규모의 술 박물관이 있다. 이곳에는 항상 술 빚는 사람들이 있다. 이미 훌륭한 술 문화 콘텐츠를 가지고 있는 셈이다. 이를 활용하여 술 축제를 개최하자는 제안이다.

완주군은 로컬푸드 정책을 통해 풍부한 지역 농산물을 보유하고 있으니, 다양하고 맛있는 안주를 만들 수 있고, 술 박물관 콘텐츠와 결합한다면 술 축제 지역으로 최적의 조건을 갖추고 있다. 그래서 가장 맛있는 건강한 전통주에 가장 맛있고 건강한 술안주를 먹을 수 있도록 다양한 프로그램을 구상했다.

06 팀명 〈썸앤푸드〉 - 주제 '완주 여름 음식 축제'

썸앤푸드 팀은 최근 들어 여름이 길어지고 있는 기후 변화에 주목하여 축제를 기획하였다. 전주가 전통 음식으로 특화되어 있는 반면에, 정작 로컬푸드의 고장인 완주는 아직 음식으로 특화하지 못했다는 점에 주목했다. 우리나라는 사계절이 있지만 특별한 계절 음식 축제는 아직 없다. 그래서 대한민국 최초 '여름 음식 축제'를 기획하기로 했다. 축제의 핵심은 새로운 '썸머푸드'라는 시장을 만들고 두 카테고리를 설정하여 음식을 개발하고자 하였다.

첫째는 삼계탕, 장어탕 등의 따듯한 보양 음식을, 둘째는 냉면, 팥빙수 등의 차가운 음식으로 범주를 구분하는 것이다. 축제 프로그램으로 '완주 썸머푸드 대회 개최, 최고의 여름 음식 브랜드 선정' 등 여름 음식의 고장으로 완주를 만들자는 것이다.

여기에 '완주 로컬 빙수', '완주 로컬 냉면', '완주 로컬 삼계탕' 등을 구상하여 여름 음식의 대표 메뉴도 함께 기획했다.

4. 가치 [(사)마을통 대표 임채군]

완주는 생산자와 소비자를 직접 연결하는 '한국 로컬푸드 성지'이다. ㈜마을통은 완주의 여러 마을 여행을 연계해 마을의 소득을 창출하고 부가가치를 높이는 일을 하는 로컬관광회사다. 우석대학은 우리 지역의 로컬대학이며, 우석대 관광학과는 지역관광학을 대표하는 학과이다. 우리는 의기투합해 완주군의 새로운 축제를 기획하는 발표회를 하기로 했다.

학생들은 한 학기 동안 열정적으로 완주군 축제와 여러 행사에 참여했다. 농촌관광 마을, 완주로컬푸드직매장, 술 박물관 등의 시설을 방문했다. 우리 '마을통'도 함께했다.

학생들은 현장 견학과 지역 인문학 학습을 마친 후, 새로운 완주 축제를 만들고 완주군청에서 발표회를 열었다. 예상 밖의 아이디어에 관계자들이 감동했고, 열심히 박수를 보냈다.

동아시아 3대 맥주 축제에 대한 구상이 눈에 띄었다. 완주군 산업자산의 하나인 하이트맥주 공장을 활용하여 중국의 청도와 일본의 홋카이도, 한국의 완주를 동아시아 3대 맥주 축제로 이어가자는 것이다.

전북에 거주하는 중국 유학생과의 교류를 위한 차이나 페스티벌, 술 박물관의 막걸리 축제 섬머푸드 축제 등의 제안도 재미있었다. 학생들이 완주군의 새로운 축제 개발에 대한 고민을 미리 해줘서 고마웠다.

첨부 자료

발표회 자료집

강의 교재

지역 축제 탐방

보도 자료

3장

청년, 부안의 미래를 말하다

한중문화와 청년관광이 만나다

지역의 미래는 청년의 꿈에서 시작됩니다. 『청년, 지역의 미래를 말하다』는 지난 13년 동안 청년과 지역이 함께 고민하고 실천해 온 소중한 여정의 기록이자, 지역 혁신의 살아있는 교과서입니다. 이 책은 단순한 정책 제안이나 사례집을 넘어, 지역을 이해하고 사랑하는 청년들의 진심 어린 노력과 열정, 그리고 그들과 함께한 지역사회의 연대와 변화의 이야기를 깊이 담고 있습니다. 특히 주목할 점은, 이 프로그램이 국내를 넘어 2022년부터 중국 장춘에서도 '중국형 청년, 지역의 미래를 말하다'라는 이름으로 추진되고 있다는 사실입니다. 이는 이 프로젝트가 갖는 의미와 확장 가능성이 국경을 넘어 주목받고 있다는 점에서 매우 뜻깊습니다. 전북에서 시작된 이 작은 움직임은 세계적 청년정책 모델로 발전할 수 있는 가능성을 보여주고 있습니다. 『전북일보』는 앞으로도 이들의 여정을 응원하며, 지역 청년들의 목소리가 더 멀리, 더 깊이 퍼질 수 있도록 언제나 함께하겠습니다.

전북일보 회장 서 창 훈

청년이 지역에 새긴 말들 – 17개의 이야기, 17개의 미래

3장. 청년, 부안의 미래를 말하다(2015. 06. 23.)

/

한중문화와 청년관광이 만나다

1. 동기

 2015년 전북도는 새만금 한·중 경협단지를 기업규제를 최소화하는 '3무(無) 특구'로 조성할 것을 발표했다. 3무는 무역장벽을 없애고, 정주 여건을 개선하여 생활불편을 없애고, 국적을 가리지 않는 사회문화 차별 없애는 것이다. 이보다 앞선 시기에 우석대학교와 부안군은 한·중 경협단지 3무 특구의 성공적 추진을 위해 '차이나교육문화특구'를 구상하고, 우석대 공자아카데미와 MOU를 체결했다. 그 후 '청년, 지역의 미래를 말하다' 팀은 차이나교육문화특구와 관련하여 대학생 지역관광 아이디어 발표회를 준비했다.

2. 과정

학생들은 새만금지역의 문화와 관광 현황을 이해하기 위한 수업을 들었다. '새만금지역관광론'은 신설된 지역특화 과목이고, '중국문화론'은 중국의 문화를 이해하기 위해 특별히 개설된 과목이다.

이론 강의를 마치고 나서 모든 수강생은 '부안 마실 축제'에 참가했다. 부안 마실 축제는 지역 주민들과 함께 참가하는 대규모 봄 축제로, 지역 문화와 전통에 대한 이해도를 높이는 기회가 되었다. 지역의 역사문화 탐방을 위해 청자박물관을 견학하고, 지역 스토리 발굴을 위해 허균과 매창의 기록을 분석했다. 마지막으로 관련자 인터뷰 등을 거쳐 최종 5개의 관광마케팅 아이디어를 구상했다.

3. 내용

2015년 06월 23일 개최한 '청년 지역의 미래를 말하다'의 '대학생 지역관광마케팅 아이디어 발표회(부안군 차이나교육문화특구 성공을 위한)'는 총 5가지 주제로 진행되었다.

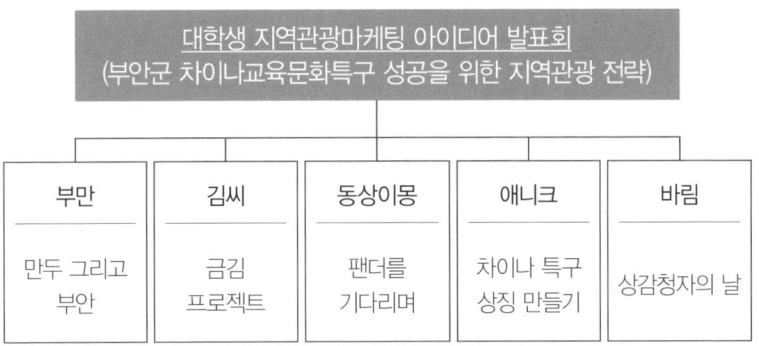

01 팀명 〈부만〉 - 주제 '부안 그리고 만두'

부안군이 '차이나교육문화특구'를 지향하고 있는 때였다. 차이나교육문화특구는 중국과의 교류와 협력을 촉진하고, 부안에서 중국어와 중국문화를 배울 수 있는 교육 체계와 환경을 제공하는 국내에서는 유일한 중국어 교육 전문 지구이다.

부만 팀은 한국과 중국의 음식문화에 주목했다. 양국의 문화를 이해하는 데에 음식이 중요한 매개체 역할을 할 수 있기 때문이다. 학생들은 중국의 전통 음식 중 현재까지 전래되고 있는 음식과 식재료를 공부했다.

그중 양국에서 모두 사랑받고 있는 만두를 선택했다. 중국에서 기원한 만두는 각각의 국가에서 다른 이름으로 불린다. 그러나 아시아 전역에서 즐겨 먹는 음식이기 때문에 새만금 대표 음식으로 적절하다는 결론을 내린 것이다. 한·중 경협단지를 상징하는 음식으로 만두를 활용하고, 더 나아가 한국의 만두 제조업체 유치는 물론 중국의 대규모 식품기업을 유치하자는 제안이다.

02 팀명 〈김씨〉 – 주제 '금김 프로젝트'

김씨 팀은 부안 '황금김' 마케팅에 대한 아이디어를 내놓았다. 부안의 특산물 중에서 중국에 수출할 수 있는 제품이 무엇인가를 찾는 작업에서 출발했다. 한국 김은 중국인들에게 가장 구매력이 높은 식품이라는 것을 알게 된 후 '부안의 김을 어떻게 한국의 대표적인 김으로 포지셔닝 할 것인가?'에 집중했다. 그리고 '청정지역의 깨끗한 식품'이라는 것을 강조하기로 했다.

이를 위해, 학생들은 변산반도 국립공원의 가치를 내세웠다. '한국 생태관광 1번지, 한국 유일의 반도형 국립공원'에서 생산되고 있다는 점을 부각하자는 제안이다. 이외에도 '부안 황금김'이라는 광고 슬로건 등 다양한 아이디어를 제시했다.

03 팀명 〈동상이몽〉 - 주제 '팬더를 기다리며'

　동상이몽 팀은 한·중 교류의 상징을 만들자는 의견에 동의하고, 상징문화사업으로 팬더공원을 설치하자는 아이디어를 제안했다. 중국을 대표할 수 있는 동물을 찾았고, 가장 많이 연상되는 동물로 팬더를 선택했다. 새만금 한·중 경협단지 조성사업은 많은 시간이 필요하므로 선행적으로 할 수 있는 사업을 발굴해야 한다는 점에 주목한 것이다.

　작은 팬더공원을 먼저 조성하고, 그다음 변산반도 국립공원 인근에 친환경 대나무 숲 등을 함께 조성하여 한국 속 중국을 표현하자는 아이디어다.

04 팀명 〈애니크〉 - 주제 '차이나교육문화특구 관광상품 만들기'

　애니크 팀은 중국 관광객을 불러 모을 수 있는 차별화된 홍보방안과 관광상품 개발에 대한 아이디어를 내놓았다. 맨 먼저 부안의 차이나교육문화특구를 중국인에게 알릴 수 있는 여행 매체를 찾았다. 그리고 이 여행 매체에 속한 기자들을 대상으로 한

팸투어를 기획했다. '중국인이 여행하기 좋은 도시 부안'이라는 슬로건도 만들었다. 이외에도 중국에서 발행하는 한국 여행지도에 어떻게 부안의 이미지를 심을 것인가를 고민한 끝에 중국인이 좋아하는 문구를 담은 다양한 엠블럼을 개발했다. 음식도 있다. 중국인의 취향을 고려하여 중식과 한식을 결합한 복합 음식을 개발하여 '부안차이나밥상'으로 명명하자는 제안이다.

05 팀명 〈바림〉 - 주제 '상감청자의 날'

바림 팀은 부안 청자박물관에 주목하여 아이디어를 발굴했다. 청자는 중국에서 유래했으나 우리나라에 들어와 상감청자로 진화한 부안의 중요문화자산이다. 이런 역사문화를 기리기 위해 발굴한 아이디어는 '상감청자의 날'이라는 축제다. 상감청자의 날은 한·중 양국이 자부심을 맘껏 누릴 수 있는 문화 축제다. 두 나라가 참여하여 전시회 및 도자기 교환, 각종 대회를 비롯하여 도자기 제품 판매로 이어질 수 있는 교류의 장을 만드는 것이다. 그런 의미에서 이천 도자기 축제, 강진 청자 축제와의 차별화가 가능한 한·중 청자 문화 축제를 제안했다.

4. 가치 [부안군의회 의원 김원진]

새만금은 국내의 자원만으로 완성할 수 없는 광활한 지역이다. 중국의 지원이 절대적이라고 할 만큼 중국은 중요한 국가다. 그동안 중국과 여러 통로로 교류가 있었다. 그러나 중국 청년들이 직접 참여하여 새만금 관광상품을 구상한다는 소식은 처음이다.

우석대학교에서는 학기마다 지역의 관광상품 개발 프로젝트를 진행한다고 한다. 특히 '부안 편'에서는 중국인이 친근하게 느낄 수 있는 도시를 만들기 위한 다양한 제안이 나왔다. 무엇보다도 중국 유학생이 참여하여 관광상품을 구상한다고 하니 호기심도 생겼다.

대한민국 만두 축제, 한·중 청자 축제, 내변산 한·중 교류생태 공간개발 등은 양국 학생이 참여했기에 나올 수 있는 소재라는 생각이 들었다. 유래는 중국이지만 이미 한국 음식이 되어버린 만두, 중국의 도자기 기술이 부안에 전래된 이후 독자성을 가지게 된 청자, 내변산의 대나무를 좋아하는 팬더, 정말 재미있는 발상이다. 국제교류는 어느 날 시작해서 어느 날 완성되는 것이 아니다. 한낱 아이디어에 불과할지라도 이런 감성들이 차근차근 쌓이고, 지역에서 그런 공간을 조성한다면 중국인이 한국을 방문했을 때 가장 편안함을 느끼는 지역은 바로 부안이 될 것이다. 전문가의 의견을 합쳐 글로벌지역, 부안을 만드는 데 최선을 다 할 계획이다.

첨부 자료

발표회 자료집

부안 차이나교육문화특구 성공을 위한
대학생 지역관광마케팅 아이디어 발표회

2015. 06. 23

주관/주최: 우석대 LINC 사업단
후원: 한국도시지역마케팅연구원, 우석대 공자아카데미

관련 논문

「한국자치행정학보」 제32권 제4호(2018 겨울) : 239-260

대학의 지방정부 정책 기여에 관한 사례 연구
- 우석대의 부안군 차이나교육문화특구 지원 사례를 중심으로 -

황태규(우석대학교)
강순화(우석대학교)

지역 축제 탐방

전북도민일보

새만금 한중경협단지 성공위한 교육문화특구 조성 토론회 개최

보도 자료

2부. 청년이 지역에 새긴 말들 95

청년, 지역 항공의 미래를 말하다

지방 하늘길에서 혁신의 비행을 꿈꾸다

우리 지역대학에서 우리 지역관광 발전과 관련해서, 지역과 함께 구체적인 관광 발전 아이디어를 제안하는 발표회를 13년에 걸쳐 17회를 개최했다는 것에 대해, 지역 관광인의 한 사람으로 응원의 박수를 보낸다. 아울러 전북이 절대적으로 부족한 관광산업과 기업에 대한 별도의 관광기업경영혁신 아이디어를 제공했다는 것에 대해 관광기업 경영인으로 더욱더 감사하다. 특히 앞으로 생길 전북공항과 관련해서 항공관광아이디어까지 고민했다는 열정에 경의를 표한다. 이러한 청년들의 창의적인 관광정책참여가 지속될 수 있도록, 우리 협회도 다양한 청년 참여 프로그램을 대학과 함께 만들 계획이다.

전북특별자치도관광협회 회장 조 오 익

청년이 지역에 새긴 말들 - 17개의 이야기, 17개의 미래

4장. 청년, 지역 항공의 미래를 말하다 (2016. 12. 12.)

/

지방 하늘길에서 혁신의 비행을 꿈꾸다

1. 동기

2016년, 전북은 새만금에 국제공항을 건설해서 동북아 물류기지로 도약하겠다는 포부를 밝혔다. 이에 따라 국제공항설립은 전라북도 정책의 화두가 되었다. 지역대학들은 이 정책에 부응하는 산학협력 소재를 찾았고, '청년, 지역의 미래를 말하다' 팀도 할 수 있는 일을 찾아보기로 했다. 전북에는 주한미군이 관할권을 가지고 있는 군산공항이 있고, 전라북도에 본사를 둔 도적항공사로 이스타항공이 있다. 그래서 지역 항공산업 발전을 위한 '지역대학생 항공산업 마케팅 아이디어 발표회'를 준비하기로 했다.

2. 과정

학생들은 항공산업을 이해하기 위해 항공사 업무론 및 경영전략론에 대한 강의를 들었다. 전라북도 공항의 최적지로 논의되고 있는 새만금 지역의 음식과 관광자원 등에 대한 학습도 함께 했다. 아울러 도적 항공사이자 우석대학교 가족 기업인 이스타항공사 측의 특강도 들었다. 학생들은 항공산업계가 급격한 성장과 함께 치열한 경쟁 속에 있다는 것을 알게 되었다. 그래서 도적 항공사가 국내를 넘어 세계적인 항공사가 되기 위한 관광마케팅 전략을 고민했다. 최종적으로 4가지의 지역항공사 관광마케팅 아이디어를 제안했다.

3. 내용

2016년 12월 12일 개최한 '청년 지역의 미래를 말하다'의 '지역대학생 항공산업 마케팅아이디어 발표회'는 총 4가지 주제로 진행되었다.

01 팀명 〈Funny Eastar〉 - 주제 '재미있는 항공'

이 팀은 운항 시간 동안 탑승객의 무료함이나 답답함을 줄여줄 방법을 찾기로 했다. 항공기 내에서 즐거움을 느끼게 된다면 공포심이나 무료함을 덜어낼 수 있다고 생각한 것이다. 항공기는 기내에서도 안전사고에 주의해야 하므로 기장과 승무원의 지시가 없이는 행동이 자유롭지 못하다. 그래서 안전 수칙을 위배하지 않는 범위 내에서 진행할 수 있는 게임·이벤트 등의 아이디어를 제시했다.

02 팀명 〈Delicious Eastar〉 - 주제 '맛있는 항공'

맛있는 항공팀은 기내식을 주제로 선택했다. 항공사마다 서비스 차별화 전략이 있는데, 그중에서도 탑승객의 만족도에 가장 큰 영향을 미치는 것이 기내식이라는 점에 주목했다. 일부 저가 항공사에서 해동이 덜 된 음식을 제공하여 불만이 쏟아진 경우가 있었는데, 이를 개선하기 위해 제공 시 음식의 온도 체크 등의 서비스 제안을 했다. 승객 취향 저격 기내식 메뉴 개발과 함께 전북의 지역음식 관광 활성화 방안도 제시했다.

로컬푸드와 결합한 음식 개발로 기내식의 맛과 품질을 높이고, 식재료의 안전성을 알리기 위한 앱을 활용해 사용된 식재료의 생산지를 알 수 있도록 하고, 탑승객 여행 목적지의 맛집과 지역 음식문화를 알려주는 음식 지도를 개발하자고 제안했다.

03 팀명 〈Stylish Eastar〉 - 멋진 항공

멋진 항공팀은 비즈니스 출장 비중이 늘어나고 있다는 것에 주목했다. 시간이 자유로운 일반 여행객과 비교해 볼 때 공항에서 곧장 회의 장소로 이동해야 하는 경우 곤란할 수 있다. 비행시간이 길거나 짧더라도 피로는 쌓여있고, 의상과 헤어 등이 망가져 있을 것이다.

그래서 착안한 것이 비즈니스 출장 고객을 상대로 헤어·메이크업 등을 고칠 수 있도록 뷰티샵과 코디 서비스를 제공하자는 아이디어다. 타국에서 뷰티샵을 이용하거나 코디 서비스를 받기는 어려운 일이므로 이 서비스를 목록화·매뉴얼화하여 짧은 시간에 마칠 수 있도록 맞춤 서비스를 제공하자는 내용이다. 이를 위해 기내에는 작은 뷰티 공간을 만들고, 공항 내에는 이동식 뷰티숍을 만들어 연계 서비스를 제공하자는 제안이 나왔다.

04 팀명 〈Healthy Eastar〉 - 주제 '건강한 항공'

건강한 항공 팀은 사회적으로 증가 추세에 놓인 고령 고객을 위한 서비스 제공에 주목하였다. 첫째는 응급환자 발생 가능성을 사전에 파악하자는 아이디어다. 고객이 질병에 관련된 정보를 사전에 제공하는 경우에 할인 서비스를, 의료 관련 직종 경험자는 입사 지원 시 가산점 부여 등의 아이디어를 제시했다. 이를 통해 '안전한 항공사'라는 이미지를 확보하자는 것이다. 노약자와 임산부, 육체적 질병을 앓고 있는 고객이 조금이라도 마음 편하게 항공을 이용할 수 있으리라 예측했다.

4. 가치 [전북창조경제혁신센터 특화사업본부장 이수영]

전북에는 없는 것이 많다. 오랫동안 전북의 공항을 만들기 위해 노력했으나 뜻을 이루지 못하고 미군 공항을 빌려 쓰고 있다. 다행히 전북을 기반으로 한 이스타항공이 2009년에 취항을 시작했다. 최근 여러 어려운 일들이 있었으나 우리 지역의 소중한 관광기업이다. 내가 근무하는 전북창조경제혁신센터에 우석대학교로부터 연락이 왔다. 청년들이 우리 지역항공사 발전 전략을 세워 발표회를 개최하려고 하는데 센터가 함께하면 좋겠다는 내용이었다. 전북도청과 이스타항공의 후원 약속을 받기로 했다. 학생들은 한 학기 동안 이스타항공사를 대상으로 기업의 역사, 보유 기종, 항공 노선, 경영전략 등을 공부하고 새로운 항공사 관광마케팅 아이디어를 제시했다. 특히 퍼니(funny), 헬씨(healthy), 스타일리쉬(stylish), 딜리셔스(delicious) 등의 항공사 마케팅 주제는 제법 완성도가 있는 제안이었다.

창조경제혁신센터에서는 청년에게 다양한 방법으로 행사를 지원하고 있다. 그런데 이 행사는 그동안 생각하지 못했던 '산업전략 아이디어' 발표였다. 센터나 항공사는 물론 관련 기업에 좋은 사례가 될 것 같다. 학생들에게 선뜻 국제항공권을 상품으로 후원한 이스타항공의 배려에 별도로 고마움을 전한다.

첨부 자료

발표회 자료집

강의 교재

발표회 사진

보도 자료

2부. 청년이 지역에 새긴 말들 103

5장

청년, 만경강의 미래를 말하다

강은 흘렀고, 청년은 생태와 감동을 담았다

우석대의 청년들이 지역의 문화관광 문제를 고민하고 해결책을 찾는 다양한 발표회를 13년 동안 지속해서 해왔다는 것, 자체가 지역의 청년정책의 미래를 제시하는 것 같습니다. 완주군을 위해 두 차례의 문화관광 아이디어를 개최했다는 것에 대해 고마움을 표합니다. 특히 만경강과 관련하여 별도의 발표에 감명을 받았습니다. 그간의 아이디어는 다시 한번 검토하여 실행할 수 있도록 최선을 다할 것이고, 향후 우리 군 별도로 '청년, 완주의 미래를 말하다'를 추진하겠습니다.

완주군수 유 희 태

청년이 지역에 새긴 말들 - 17개의 이야기, 17개의 미래
5장. 청년, 만경강의 미래를 말하다 (2016. 12. 28.)

/

강은 흘렀고, 청년은 생태와 감동을 담았다

1. 동기

완주군은 물의 도시이다. 전북 김제에는 고대농업 수리시설로 벽골제가 있고, 완주에는 근대 수리시설의 시작을 알리는 최초의 근대 저수지, 대아리댐이 있다. 호남평야의 중심인 군산과 김제 등이 간척사업을 시작하면서 물이 부족하게 되자 만경강의 상류 지역인 완주군에 대아리 저수지를 만든 것이다.

이로 인해 만경강은 호남평야의 핵심적인 수자원이 되었다. 그래서 만경강 발원지인 완주를 물의 도시라고 한다. 우석대학이 있는 삼례읍은 전주의 삼천천이 만경강에 합수되는 곳으로, 큰 강의 의미인 '한내'라고 불렸다. 완주군은 만경강에 주목하고 '만경강 생태포럼'을 만들어서 운영하는 등 많은 관심을 기울이고

있다. 이번 학기에는 바로 만경강을 대상으로 프로젝트를 진행하기로 하고, 학생들과 함께 준비에 들어갔다.

2. 과정

'청년, 지역의 미래를 말하다' 팀은 완주군에서 추진하는 '만경강 생태포럼' 세미나에 참석했다. 관련 전문가로부터 만경강 생태를 보존해야 하는 이유와 보존방안에 대한 의견을 들었다. 만경강을 소재로 제작된 동영상도 찾아보았다.

 만경강 생태 탐방은 삼례-봉동-고산-대아리저수지-동상저수지로 이어졌다. 탐방 프로그램은 완주 동상면 출신으로 당시 이 사업을 담당했던 완주군청 박병윤 팀장이 안내했다. 학생들은 이러한 과정을 통해 '만경강 관광 활성화'를 위한 3개의 주제를 발굴하여 발표회에 참가했다.

3. 내용

2016년 12월 28일에 개최한 '청년 지역의 미래를 말하다'의 '만경강 포럼 아이디어 파티 발표회'는 이전의 발표회와는 조금 달랐다. 완주군 행사인 '만경강 포럼 아이디어 공모전'에 참가하는 형태였고, 일반인도 참가했다. 공모전에는 학생 포함 총 13개의 팀이 참여했고, 우석대학교는 총 3가지 주제를 발표했으며, 우수상과 장려상을 받았다.

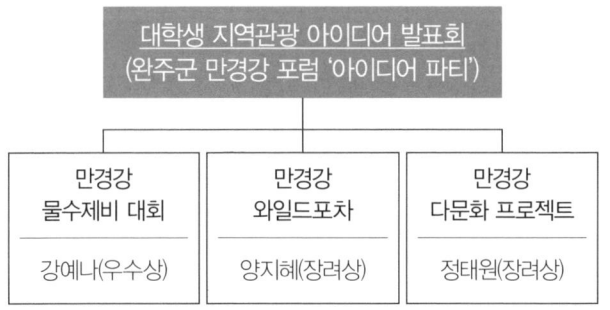

01 만경강 물수제비 대회

어린 시절 강가에서 살았거나 강가에 놀러 갔던 적이 있는 사람들의 공통적인 추억 '물수제비'. 이 놀이는 물결이 잔잔한 곳에서 돌을 던져 돌이 가라앉기 전 물 위로 튕기는 숫자를 세는 것이다. 누가 많이 튕기는가를 겨루는 일종의 대회이다. 이 팀은 물수제비 놀이를 '강변 스포츠'로 만들자는 제안을 했다. 수변 전통놀이를 현대화한 국내 최초 '완주 물수제비 대회' 개최 아이디어다.

02 만경강 와일드포자

만경강변의 아름다운 풍광을 따라 강변포차를 운영하자는 제안이 나왔다. 고유의 생태계를 해치지 않는 선이어야 하므로 제안의 내용에 신경을 썼다. 운영 주체는 인근 지역의 농업인이다. 직접 생산한 농산물로 술을 빚고 안주를 만들어 판매하되 여러 단계의 안전장치가 필요하다는 것을 알았다.

참여자 선정, 건전한 음주문화 홍보, 운영 시간제한 등에 대해 고민하고, 만경강변 지역을 풍류가 넘치는 문화공간화 하는 방안을 제시하였다.

03 만경강 다문화 프로젝트

다문화 프로젝트는 만경강변 마을의 다문화 가정이 주체가 되어 '다문화 음식 축제'를 개최하자는 제안을 했다. 자녀들이 부모의 모국에 대한 문화를 이해하고, 더 나아가 자부심을 느낄 수 있도록 하자는 것이다.

음식을 통해 더 많은 사람과 교류하고, 정을 나누고, 인연을 쌓아가자는 데에 의의를 두었다. 이 축제에는 각국의 역사와 문화, 국가 영웅에 대한 스토리 등을 테마로 한 특별전시회도 포함되어 있다.

4. 가치 [전북특별자치도 예술지원팀장 박병윤]

만경강은 완주군의 중요한 문화자산이자 생태자산이다. 만경강의 생태적 가치를 보존하기 위한 생태문화 자원화 방안을 고민하던 차에 우석대학교에서 반가운 소식이 들렸다. 학생들이 '생태관광'에 대한 발표회를 기획한다는 것이다. 바로 학교에 연락해서 완주군이 주최하고 우석대학교가 참여하는 방식으로 '만경강 생태관광 프로젝트'를 진행하기로 했다.

수차례 학교를 방문했다. 학생들의 집요한 질문에 답변하느라 고생도 했다. 만경강의 역사와 문화, 완주군의 현황, 다문화가정 이야기까지 많은 것을 궁금해했다. 그 결과 강변 다문화 축제, 만경강 와일드포차, 만경강 물수제비 대회 등 기발한 아이디어가 나왔다. 그냥 한번 해보자는 식의 발상이 아니었다. 만경강의 넉넉한 품을 상징할 수 있는 축제, 다양한 먹거리가 풍부한 완주군을 음식관광지로 만들자는 포차 음식 레시피 개발, 만경강을 훼손하지 않고 즐길 수 있는 대회 등을 고안한 것이다. 이로써 만경강 주변을 새로운 문화 공간, 새로운 사회 공간, 새로운 관광 공간, 새로운 스포츠 공간으로 만들자는 재치 넘치는 제안이 흥미로웠다.

나는 공무원이다. 학생들에게 해줄 수 있는 것이 많지 않다. 모두에게 감동했으나 상은 3개의 팀에게만 줄 수 있었다. 감사하고 미안하다. 하지만 만경강이 완주군민의 마음을 위로하는 위로의 강, 버리지 않고 함께하는 생활의 강으로 만드는 데 학생들의 아이디어를 담도록 노력하겠다.

첨부 자료

발표회 자료집

강의 교재

발표회 사진

보도 자료

2부. 청년이 지역에 새긴 말들 111

청년, 임실 치즈의 미래를 말하다

50년 전통 위에 세계를 꿈꾸다

임실 치즈 50주년 기념 '청년, 임실치즈의 미래를 말하다'에 심사위원으로 참여하였습니다. 청년들의 지역에 대한 깊은 관심과 그리고 거침없는 상상력에 놀랐습니다. 우석대는 지역의 청년들이 지역문제에 관심을 갖고, 지역의 발전을 책임지는 좋은 사례를 만들었습니다. 지역소멸시대에 대응하는 새로운 희망의 씨앗을 봤습니다. '청년, 지역의 미래를 말하다'와 같이 청년들의 움직임이 소멸위험지역을 희망탄생지역으로 바꾸는 큰 흐름이 만들어지길 기원합니다. 지역신문을 비롯한 미디어와 함께하면 그 소망이 이루어질 것입니다.

前 지역신문발전위원회 위원장 류 한 호

청년이 지역에 새긴 말들 - 17개의 이야기, 17개의 미래

6장. 청년, 임실치즈의 미래를 말하다 (2018.06.28.)

50년 전통 위에 세계를 꿈꾸다

1. 동기

전라북도는 음식의 고장이자 발효식품의 고장이다. 해마다 전북에서 열리는 '전주국제발효식품엑스포'는 발효식품을 특화한 정부 공인 국제인증전시회이며, 2003년부터 매년 10월에 열린다. 발효식품의 종류에는 세 가지가 있다. 식물성 발효식품을 비롯하여 수산 발효식품, 동물성 발효식품이다. 한국 전 지역에서 된장이나 고추장 같은 식물성을 생산하고 있고, 해안을 따라 젓갈과 같은 수산발효식품이 생산되고 있다. 전북지역 역시 순창 고추장, 곰소 젓갈로 잘 알려져 있다. 특히 국내 최초로 치즈라는 동물성 발효식품을 탄생시킨 고장이라서 더욱 유명하다. 임실치즈는 해외의 식품자원을 국내에 들여와 향토식품으로 자원화

한 유일한 사례다. 임실 치즈의 역사가 50년이 되었고, 임실에서는 이것을 기념하기 위한 행사를 치렀다. 이에 '청년, 지역의 미래를 말하다' 팀은 임실 치즈의 가치를 되새기고 임실 치즈 산업 발전을 위해 임실 치즈를 활용한 문화관광 발전방안을 모색했다.

2. 과정

임실군은 임실 치즈 50주년을 맞아 다양한 기념행사를 준비하고 있었다. '임실치즈농협'과 '임실치즈 음식문화연구회'도 각별한 관심을 갖고 50주년을 준비했다. 과거 50년을 재조명하고, 앞으로의 50년을 위해 무엇을 해야 할 것인가를 고민했다. 여기에 우석대학교 학생들이 합류하여 아이디어를 제공하게 되었다. 학생들은 '글로벌 음식문화'와 '지정환 신부와 치즈'에 대해 이론 공부를 마치고, 임실군 치즈 생산지 여러 곳을 견학했다. 그 결과물로 임실을 '치즈 특화 문화관광지'로서의 가치를 높이기 위한 4가지 방안을 제시했다.

3. 내용

2018년 06월 25일 개최한 '청년 지역의 미래를 말하다'의 '대학생 임실 치즈 문화관광 아이디어 발표회(임실 치즈 탄생 50주년 기념)'는 총 4가지 주제로 진행되었다.

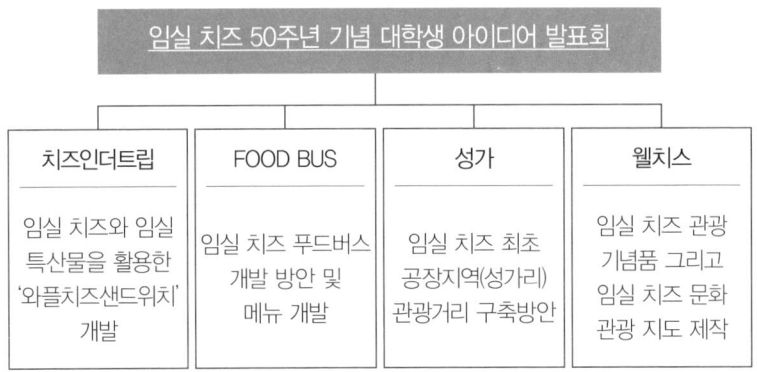

01 팀명 〈치즈인더트랩〉 - 임실 치즈와 임실 특산물을 활용한 '와플치즈샌드위치' 개발

임실은 치즈로는 유명하나 아직은 치즈를 활용한 음식을 임실의 대표 음식으로 만들지는 못했다. 그래서 젊은 층을 겨냥하여 와플치즈샌드위치를 개발하게 되었다. 전주시에 있던 35사단이 임실로 이전하면서 음식 소비 그룹의 연령대가 낮아졌고, 치즈 체험 고객이 어린이를 동반한 가족이 많아서 메뉴를 고객 니즈에 맞추기로 한 것이다. 음식 형태는 지정환 신부의 고향인 벨기에의 와플을 응용했고, 부재료는 임실군 특산물을 조합하는 방법으로 진행했다. 메뉴 개발과 더불어 와플과 치즈의 혼합어로 wa'ch라는 브랜드도 만들었다.

02 팀명 〈FOOD BUS〉 - 임실 치즈 푸드버스 개발 방안 및 메뉴 개발

이 팀은 푸드버스를 활용하여 임실 치즈를 마케팅하자는 제안을 내놓았다. 푸드버스를 어떻게 만들 것인가에 대한 구조설계와 임실 치즈 브랜드 이미지 강화를 위한 캐릭터를 개발했다. 그리고 푸드버스 내에서 조리할 수 있고 서비스가 가능한 전문 메뉴를 제시했다. 푸드버스는 푸드트럭보다 넉넉한 조리 공간과 실내 좌석을 확보할 수 있는 장점이 있으므로 임실 치즈 축제에 투입하자는 제안도 있었다. 버스를 활용하여 유동인구가 많은 거리에서 효과적으로 할 수 있는 홍보마케팅 방안도 제시했다.

03 팀명 〈성가〉 - 임실 치즈 최초 공장(성가리) 관광거리 구축방안

임실 치즈가 최초로 만들어졌던 임실군 성가리마을을 관광지화하자는 의견이다. 이 팀은 관광용 상업시설과 공공시설을 갖춘 '성가 치즈 역사 마을 만들기' 사업을 제안했다.

치즈 베이커리와 치즈 레스토랑, 기념품 가게, 관광 안내소 등 구체적인 시설을 구상했다. 성가마을 마케팅 방안과 함께 지 신부님의 고향인 벨기에 지역 축제를 기반으로 치즈 역사문화를 결합한 관광축제 '성가제'를 제안했다.

04 팀명 〈웰치스〉 - 임실 치즈 관광기념품과 문화관광 지도 제작

이 팀은 임실 치즈를 상징하는 기념품 개발 아이디어를 준비했다. 치즈상품 이외에도 방문객이 치즈마을 방문기념으로 구매할 수 있는 상품을 만드는 것이다. 두 가지 관점에서 학생들이 의견을 모았다. 첫째는 캐릭터 개발이다. 임실 치즈 역사가 양 두 마리에서 출발했다는 스토리에 집중하여 양을 형상화한 귀여운 캐릭터를 개발했다.

이를 활용하여 모자, 옷, 양말, 열쇠고리, 엽서 등을 디자인했다. 둘째는 임실 치즈 역사 스토리를 담은 임실 치즈 문화관광 지도 제작이다. 임실성당, 성가리치즈공장, 임실역 등을 중심으로 임실 치즈 문화관광지 6곳을 선정하고, 이곳에 대한 '임실 치즈 문화관광 지도'를 완성했다.

4. 가치 [임실치즈음식문화연구회 회장 서인순]

나는 임실과 순창의 군내버스를 운영하는 '임순여객자동차' 대표지만 13년 동안 '임실치즈음식문화연구회'를 이끌고 있다. 지역민을 대상으로 치즈 요리 전문인력을 양성하고 있으며, 연구회의 목표는 지역음식 문화를 치즈와 연계함으로써 임실 치즈를 홍보하고 판매를 촉진하여 지역경제를 활성화하는 것이다. 치즈와 관련하여 여러 행사를 치렀다. 그중에서도 임실 치즈 50주년을 맞아 우석대학교에서 가진 청년 발표회는 특별한 의미가 있었다.

'임실 치즈 활성화'에 대한 학생들의 제안발표회는 신선했을 뿐만 아니라 연구 범위가 넓어 어른들을 놀라게 했다. '무엇을, 어떻게 팔 것인가?'에 대한 아이디어를 얻기 위해 한국 치즈의 역사를 먼저 공부했다고 하니 그 자세가 얼마나 훌륭한가? 성가리 마을 관광지화, 지정환 신부님의 고향 이름을 딴 축제 구상, 아기 염소 캐릭터 개발, 손으로 그린 임실 치즈 관광지도, 홍보용 임실 치즈 푸드버스, 치즈 만들기 밀키트 개발 등 톡톡 튀는 기발한 아이디어가 듬뿍 나왔다.

우리 임실치즈음식문화연구회는 이러한 청년들의 아이디어를 임실 치즈 기념사업과 음식상품 개발, 축제 개발 등에 적극적으로 활용할 계획이다. 상을 받았거나 받지 못했거나 어느 것 하나 버릴 것 없는 소중한 작품들이었다. 억대의 전문보고서보다 값진 것이라 여긴다. 학생들에게 감사한다. 앞으로도 청년의 참여가 지속하기를 기대한다.

첨부 자료

발표회 자료집

강의 교재

발표회 사진

보도 자료

청년, 고창 6차 산업의 미래를 말하다

농촌을 재해석한 창업 아이디어

청년은 어디에 있는가, 어떻게 살고 있는가, 무엇을 하는가에 대한 질문과 제안은 선거철에 잠깐 등장했다가 사라지는 '공약'의 재료일 경우가 허다하다. 그러다 보니 기성세대로서 청년 이야기를 할 때마다 염치가 없어진다. 지역에서는 청년들의 사회 참여 기회가 훨씬 적다 보니 더욱 그렇다. 그러나 우석대학교에서 펴낸 『청년, 지역의 미래를 말하다』를 보면서 지역청년의 역할에 대해 다시 생각하게 되었다. 이것은 실험적 프로젝트다. 창의적이고, 지속적이고, 행동적이다. 이 학생들은 스스로 지역의 문제를 찾아서 고민했고, 공부했고, 직접 찾아가서 자신들의 생각을 과감하게 발표했다. 나는 청년에게 무엇인가를 만들어주려고 할 것이 아니라, 할 수 있도록 기회를 주어야 한다고 생각한다. '청년, 지역의 미래를 말하다'에서 실마리를 찾은 것 같다.

JTV 사장 한 명 규

> 청년이 지역에 새긴 말들 – 17개의 이야기, 17개의 미래
>
> # 7장. 청년, 고창 6차 산업의 미래를 말하다 (2018. 12. 17.)
>
> /
>
> 농촌을 재해석한 창업 아이디어

1. 동기

고창군은 복분자, 장어, 수박, 땅콩, 바지락 등 생산물이 다양하다. 대한민국에서 지역 이름을 붙인 특산물이 가장 많은 지역일 것이다. 더불어 귀농 귀촌 1번지로 외지인의 유입도 활발하다. 유명한 특산물과 새로운 인적자원 유입은 6차 산업화를 성공적으로 이끌 수 있는 자산이다.

'앞으로 농수산식품 6차 산업화를 어떻게 안정적으로 이끌어 갈 수 있을까?'에 대한 해답이 필요한 시점이었다. 당시 고창군은 관광산업을 활성화하여 지역 청년들이 떠나지 않게 하고, 떠난 세대가 부모의 고향으로 돌아오도록 하는 것이 군정의 핵심 과제 중 하나였다. 전문가들이 대책을 고민하고 있을 때, 우석대학

교 '청년, 지역의 미래를 말하다' 팀의 발표회를 기획했다.

2. 과정

학생들은 고창군의 6차 산업화사업을 이해하기 위해 고창군 담당자로부터 강의를 들었다. 이후 고창군의 다양한 특산품에 대한 탐색 과정을 거쳤다. 현장 방문은 고창군 모양 읍성, 구시포 해수욕장, 미당 서정주 시문학관을 비롯하여 주요 문화 관광지를 중심으로 이뤄졌다. 고창군의 대표 음식을 먹고, 가공식품 공장에서 체험을 마친 후, 고창군 6차 산업화사업 활성화를 위한 4가지 과제를 선정하였다. 이 발표회는 고창 복분자 6차 산업 사업단이 후원하고 주최했다.

3. 내용

2018년 12월 19일 개최한 '청년 지역의 미래를 말하다'의 '고창군 농식품 6차 산업화 아이디어 발표회'는 총 4가지 주제로 학생들의 아이디어를 발표했다.

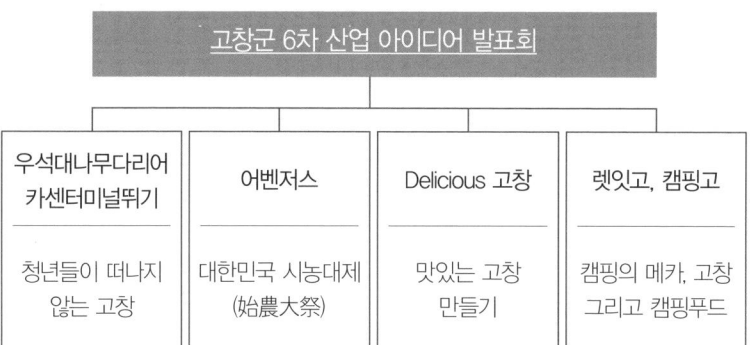

01 팀명 〈우석대나무다리어카센터미널뛰기〉 – 주제 '청년들이 떠나지 않는 고창'

첫 번째 주제는 청년이 떠나지 않는 고창 만들기이다. 학생들은 지역의 인구를 늘리는 현재의 귀농·귀촌이 곧 한계에 달할 것이라는 예측을 했다. 인구감소의 근본적인 원인과 해결책을 찾아야 한다는 주장에 모두 동의했다. 젊은이가 떠나지 않게 하거나, 출향 청년이 돌아올 수 있도록 환경을 개선해야 한다는 것이다. 고창군이 농생명 산업의 도시를 추구하고 있으므로 이를 실현하기 위해서는 교육과정에서 지역의 비전을 확실하게 제시해야 한다. 따라서 관 내 학생의 장래 희망이 농업과 식품, 농생명 분야에 집중될 수 있도록 하자는 것이다. 비전을 기반으로 '10대가 꿈꿀 수 있는 지역 만들기, 20대가 도전할 수 있는 지역 만들기, 30대가 미래를 계획할 수 있는 지역 만들기'에 대한 구체적인 전략을 제시했다. 전략에는 지역의 농생명자산을 활용한 특성화 교육의 필요성, 전문가의 참여활동으로 지역의 자산가치 제고, 모바일을 통한 지속적인 소통관계 구축, 체류형 장학금 지급, 새로운 직업군 제시/발굴, 지속적인 관리 운영, 워라밸 환경 조성 등이 포함되었다.

02 팀명 〈어벤저스〉 – 주제 '대한민국 시농대제'

어벤저스 팀은 '대한민국 시농대제'를 제안했다. 고창군에서 의욕적으로 추진하고 있는 '농생명산업의 수도' 실현을 위해 가장 먼저 해야 할 일은 무엇일까 고민하고, 문화적인 기반 조성이 우선이라는 결론에 도달했다. 기반 조성을 위한 문화콘텐츠로 새로운 축제를 제안하게 되었다. 그 축제를 '대한민국 시농대제(始農大祭)'로 명명하고, 축제에 담을 내용을 논의했다. 국내 농촌 축제를 조사한 결과 우리나라 대부분의 농촌 축제가 수확의 계절인 가을에 집중되었다는 것을 알게 되었다. 그래서 특화 방안으로 가을 축제가 아닌 봄 축제를 개발했다. 봄은 농업을 시작하는 시기이고, 고창에서 한국 농업의 시작을 알리는 축제를 열어

대한민국 최초의 봄 축제를 선점하자는 것이다. 한 해 농사의 풍년을 기원하는 기원제를 비롯하여 농업기술 정보 교류, 농기계 및 농기구 전시, 종자산업 경쟁력 강화를 위한 세미나 등 농업 관련 산업 분야를 모아서 농생명산업의 중심축제로 만들자는 것이 주요 내용이다. 농생명산업의 수도, 식품 수도를 꿈꾸는 전라북도에서 반드시 시작해야만 하는 축제를 바로 고창에서 선점하자는 것이다.

03 팀명 〈Delicious 고창〉 - '맛있는 고창 만들기'

딜리셔스 고창 팀은 음식과 식품에 집중했다. 제안서에는 고창의 풍성한 농산물, 수산물을 바탕으로 식품의 도시를 만들자는 의견을 담았다. 첫째는 고창 식품 브랜드 확립을 위해 명인, 명품, 명소를 선정하자는 내용이다. 이미 '식품명인제도'를 실시하고 있으니 이와 더불어 우수 농수산물이나 가공식품, 음식을 명품(고창 10품 10미)으로 선정하자는 제안을 했다. 우수한 농업 경관이나 체험장, 농장, 식품가공업소 등을 명소로 지정하자는 제안이다. 둘째는 고창의 농식품을 효과적이고 경제적으로 홍보할 수 있는 '고창 우수농업 홍보 동영상 대회' 개최 등 신세대적인 홍보

방안을 내놓았다. 마지막으로 명인, 명품, 명소에 사용할 문장을 디자인하여 제시했다. 학생들이 직접 디자인하고 제작한 고창식품문장을 군수에게 전달했다.

04 팀명 〈렛잇고, 캠핑고〉 - 주제 '캠핑의 메카, 고창 그리고 캠핑푸드'

렛잇고 캠핑고 팀은 자연경관에 집중하여 캠핑과 캠핑푸드에 대한 아이디어를 제시했다. 고창을 구석구석 둘러보고 고창만큼 캠핑하기 좋은 곳이 없다는 결론을 내리고 발표회를 준비했다. 캠핑 마니아가 꿈꾸는 공간은 어떤 곳일까? 캠핑앱을 통해 얻은 정보를 요약하여 이용객 만족도와 재방문율을 높일 수 있는 방안을 모색했다.

고창군은 캠핑 공간으로서 매력을 고루 갖추고 있는 편이다. 특히 '유네스코 생물권 보전지역'이라는 강점을 살릴 수 있어서 더욱 매력적이었다. 동호해수욕장은 해변을 따라 소나무가 적절하게 어우러져 있어 해변캠핑지 조건은 만점이다. 그리고 생태습지로 유명한 운곡습지는 '생태캠핑', 선운사 주변은 '산악캠핑', 멋진 청보리밭에서의 '농촌캠핑' 등을 제안했다.

새바람을 일으키고 있는 캠핑문화로 인해 우후죽순 사설 캠핑장이 조성되고 있는데, 캠핑 열기가 수그러든 후 마지막까지 경쟁력을 잃지 않으려면 캠핑족의 관심을 끌 수 있는 프로그램을 곁들여야 한다는 의견도 나왔다. 고창군은 다양한 자연자원과 생태자원이 있으니 최적의 공간이므로 '캠핑 메카'를 만들 수 있다는 구상이다.

4. 가치 [전국귀농귀촌협회 회장 김한성]

나는 고향을 찾아 돌아온 U턴 귀농인이다. 아버님이 하시던 잔디농사를 이어가고 있으며, 고창군 귀농귀촌협의회 회장을 맡기도 했다. 고창은 귀농귀촌 1번지라는 명성을 얻은 바 있고, 하늘과 땅과 사람이 상생하는 지역이 되고자 귀농귀촌인의 생활 지원을 하고 있다. 특히 고창은 농촌 6차 산업화를 선도하는 지역으로 주목받고 있다.

오늘의 고창을 만드는 과정에는 고창식품산업연구원 활성화 지원, 축제 발굴, 고창의 음식 명인 선발 등 우석대학교 교수님들의 지원이 있었다. 게다가 '고창군 6차 산업화' 사업에 학생들이 참여하여 신세대의 아이디어를 제공했으니 정말 고마운 일이다.

'청년은 어떤 마을에 살기 원하는가? 고창 축제는 어떤 독창성이 필요한가? 6차 산업화의 성과를 무엇으로 나타낼 것인가? 고창의 상징물은 무엇인가?' 학생들이 만든 질문과 답은 우리가 간과했거나 미처 생각하지 못한 부분도 있었다. 그동안 우리의 생각은 사용자가 아니라 제공자 입장에서 나온 발상들이 대부분이었으므로. 학생들과 함께 발표회를 위해 준비하신 마케팅 전문가 김성한, 김기덕 대표님께도 고창군민을 대신하여 감사의 마음을 보낸다.

첨부 자료

발표회 자료집

강의 교재

발표회 사진

보도 자료

2부. 청년이 지역에 새긴 말들 131

청년, 무주의 미래를 말하다

관광과 태권도, 농촌이 만난 입체 실험

지역은 항상 소멸의 위기에 노출되어 있습니다. 그래서 지역은 청년의 관심과 능력이 절실합니다. 지난 2019년 무주군도 지역의 특화 관광의 아이디어를 얻고자, 우석대 청년들과 '청년, 지역의 미래를 말하다' 무주 편 프로그램을 함께 진행했습니다. 그런데 그 프로그램이 벌써 17회를 거쳤다고 하니, 우리 지역의 청년정책의 미래가 보여, 뿌듯합니다. 다시 한번 무주군에 대한 우석대의 관심을 고맙게 생각하고, 향후 우리 군은 지속적으로 '청년, 무주의 미래를 말하다' 프로그램을 우석대와 함께 추진하겠습니다.

무주군수 황 인 홍

> 청년이 지역에 새긴 말들 - 17개의 이야기, 17개의 미래
>
> # 8장. 청년, 무주의 미래를 말하다 (2019.06.24.)
>
> /
>
> 관광과 태권도, 농촌이 만난 입체 실험

1. 동기

최근 무주는 세계 태권도 대회 개최 및 국립태권도원 조성 등 관광지로서의 가치가 한층 높아진 지역이다. 천혜의 자연비경을 갖춘 무주구천동과 덕유산국립공원 등 전 국민이 알고 있는 관광명소지만 음식관광자원은 널리 알려지지 않았다. 그래서 무주군에서 생산하는 농산물을 소재로 '무주군 음식관광에 대한 지역혁신 아이디어 발표회'를 개최하기로 했다. '청년, 지역의 미래를 말하다' 팀은 무주군 마을 공동체 지원센터와 협의를 통하여 발표회를 준비했다.

2. 과정

학생들은 먼저 무주의 관광자원을 분류했다. 이후 무주리조트와 태권도원 탐방, 래프팅 코스 등의 체험관광 프로그램을 분석했다. 그 결과 다른 지역과 비교했을 때 관광서비스업이 차지하는 비중이 높은 반면 음식 지출 비용이 낮은 편이라는 것을 알았다. 그래서 음식관광을 중심으로 한 상품을 개발하게 되었다. 특별히 전주 미식가협회의 도움을 받았고, 식품 관련 프로그램이라서 우석대학교 식품생명공학과 학생들도 발표회에 참여했다. 광고이벤트학과 학생들도 관광마케팅 분야에 참여하여 발표회 수준을 향상시킬 수 있었다.

3. 내용

2019년 06월 24일 개최한 '청년 지역의 미래를 말하다'의 '무주군 문화관광 아이디어 발표회'는 총 4가지 주제로 아이디어 발표회를 진행했다.

```
                    ┌─────────────────────────────────┐
                    │   무주군 문화관광 아이디어 발표회   │
                    └─────────────────────────────────┘
         ┌──────────────┬──────────────┬──────────────┐
    ┌─────────┐   ┌─────────┐   ┌─────────┐   ┌─────────┐
    │ 튀죽박죽 │   │ 몽고반점 │   │ DIY막걸리│   │ 머무루주 │
    ├─────────┤   ├─────────┤   ├─────────┤   ├─────────┤
    │  무주 죽 │   │  무주 빵 │   │  무주 술 │   │무주 축제 '│
    │'어죽 다시│   │'특산물 호두│  │'특산물을 │   │특산물    │
    │  보기'   │   │,머루,사과 │  │활용한    │   │머루를    │
    │          │   │를 소재로 한│  │무주 막걸리│  │소재로 한 │
    │          │   │3색 무주 빵│  │음료 만들기│  │축제 만들기│
    │          │   │개발'     │   │'         │   │'         │
    └─────────┘   └─────────┘   └─────────┘   └─────────┘
```

01 팀명 〈튀죽박죽〉 – 주제 '무주 어죽 다시 보기'

 첫 번째 주제는 무주의 죽이다. 무주에는 민물고기를 이용하여 만든 '어죽문화'가 있다. 음식자원이 풍부하지 못했던 시기에 만들어진 지혜의 음식이다. 기존의 향토음식문화를 보존하고, 널리 알리기 위해 최신 음식 트렌드를 고려한 새로운 죽을 개발하는 아이디어다. 관광객이 인지하고 있는 무주 이미지에 대한 조사와 무주리조트 근무자와의 인터뷰를 통해 '무주다움'이 무엇인가 정리했다. 신선한 식재료와 간편한 조리법으로 음식을 만들어 먹는다는 점에 주목하여 파우치 형태의 어죽상품을 고안했고, 비교적 방문객 신체활동이 많다는 점을 고려하여 고단백 식품을 첨가하는 쪽으로 방향을 잡았다.

02 팀명 〈몽고반점〉 - 주제 '3색 무주 빵 개발'

두 번째 주제는 무주 빵이다. 무주군의 특산물인 호두, 머루, 사과의 영양소를 살릴 수 있는 3색 무주 빵을 개발하는 아이디어이다. 지역특산물을 재료로 만든 제빵제품은 많다. 그러나 재구매율이 높지 않아서 크게 성공하지 못한 경우가 대부분이다.

재구매율을 높이기 위해서는 철저한 품질 관리와 홍보마케팅이 필요하다. 무주군은 군 지원으로 지금까지 19명의 제과제빵 기능사를 배출했다. 이 인프라를 활용하고, 특산품을 넉넉하게 첨가하여 호두빵, 머루빵, 사과빵을 무주군 3색 빵으로 개발할 것을 제안했다. 특히 이 팀은 항공기 기내식에서 힌트를 얻어 선로길이가 2,659m에 달하는 덕유산 케이블카 내에서 먹는 음식으로 마케팅하자는 흥미로운 제안을 내놓았다.

03 팀명 〈DIY막걸리〉 - 주제 '무주 막걸리 음료 만들기'

세 번째 주제는 '무주의 술'로 무주의 새로운 술을 상품화하는 내용을 담고 있다. 발표자는 식품생명공학과 학생들이었다. 무주의 특산물과 막걸리를 결합하는 형태인데 재료를 직접 고르고 직접 혼합하여 먹는 'DIY 막걸리 음료' 개발 아이디어이다. 무주 특산품인 머루, 포도, 사과, 오미자 등을 술과 혼합 가능한 형태로 만들어서 제공하는 것이다. 재료의 기능성을 살린 막걸리 음료를 무주태권도원을 찾는 세계각지의 선수단을 비롯하여 성인 방문객을 대상으로 대대적인 홍보마케팅 행사를 하자는 의견도 제시했다.

04 팀명 〈머무루주〉 - 주제 '무주 축제 만들기'

네 번째 주제는 무주의 새로운 축제 개발 아이디어이다. 무주의 대표 특산물인 머루를 소재로 새로운 축제를 만들어, 무주 음식관광 대표 축제로 활용하자는 주장이다. 2019년 무주군은 사계절 레저관광 천국을 만들겠다는 목표를 세웠다. 그리고 이에 따른 다양한 관광사업을 추진 중인데, 현재 무주를 찾는 관광객은 겨울 관광객이 대부분이다. 만약 무주 리조트 내에 머루 와인 상시 체험 및 시음 시설과, 무주 푸드 등이 함께 어우러진 '무주 와인 빌리지'를 만들어 명소화하고, 이국적인 느낌의 이벤트를 개발하여 운영하면 무주는 사계절 관광지에 접근할 수 있다고 주장하였다.

4. 가치 [국가균형발전위원회 위원장 이민원]

무주는 여러 개의 산에 둘러싸인 청정지역으로 반딧불의 고장으로 불린다. 이런 무주를 무대로 청년들의 발표회가 있다고 해서 강연 초청을 받고 찾아갔다. 나는 지역혁신에 필요한 중요한 요소로 청년의 목소리와 행동의 중요성을 강조하기 위해 관련 사례를 들려주었다. 사실 강연보다는 '청년, 지역의 미래를 말하다'가 어떻게 운영되는지 가까이에서 관찰하고 싶은 목적이 더 컸다. 우석대학교에서 몇 년에 걸쳐 청년들의 지역참여 프로그램을 이끌고 있다고 들었기 때문이다.

무주군 지역혁신을 위한 학생 아이디어는 흥미진진했다. 식품생명공학과는 세상에 하나뿐인 수제 막걸리 제조 방법, 광고이벤트학과는 무주의 자원을 극대화한 새로운 축제, 관광학과는 향토 음식 어죽 파우치 상품화 등을 제안했다.

특히 여행 중에 간편하게 먹을 수 있도록 고안한 무주 3색 빵은 무주특산물인 호두, 머루, 사과를 소재로 만들어졌다. 케이블카 기내식으로 제공하거나 태권도공원 기념품으로 제공하자는 마케팅 방법까지 제시했다.

청년들이 지역에 관심을 가지는 것만으로도 환영할 일인데 지역의 자원을 이해하고 활성화 방안까지 고민했다. 더욱이 그 아이디어가 현실적이고 실용적이어서 놀랄 만했다. 발표회 자료를 만들고, 열심히 연습했을 학생들에게 거듭 수고했다는 말을 전한다. 만일 다른 지역에서 '지역의 청년'에 대한 강연을 하게 된다면 나는 무주의 발표회를 이야기할 것이다. 분명 좋은 사례가 될 것이다.

첨부 자료

발표회 자료집

강의 교재

발표회 사진

보도 자료

청년, 지역관광기업의 미래를 말하다

작은 기업에서 찾은 창업 가능성

전북지역 청년들이 전북지역의 발전을 위하여 문화관광상품을 개발하고, 더불어 전북지역의 문화관광기업들에게는 새로운 경영전략을 위한 획기적인 아이디어를 개발하는 활동을 13년 동안 지속했다는 것은 정말 경이로운 일입니다. 전북문화관광재단은 이러한 우석대 학생들의 성과를 바탕으로 전북지역 청년들 모두가 전북지역의 문화관광 발전과 함께 문화관광기업의 발전을 고민하는 정기적인 전북문화관광형 '청년, 지역의 미래를 말하다'를 기획할 계획이다.

전북특별자치도문화관광재단 대표이사 이 경 윤

청년이 지역에 새긴 말들 - 17개의 이야기, 17개의 미래

9장. 청년, 지역관광기업의 미래를 말하다 (2019.12.10.)

/

작은 기업에서 찾은 창업 가능성

1. 동기

지역의 관광기업은 어렵다. 대부분 규모가 작고 영세하여 사업을 확장하는 데에 어려움이 많다. 협업도 쉽지 않고 경영 측면에서 혁신을 도모한다는 것은 거의 불가능에 가깝다. 그래서 관광 스타트업체들이 모두 수도권에 집중하는 것이다. 이럴 때일수록 지역은 실정에 맞는 지역관광 정책을 마련하여 경쟁력을 키워 나가야 하며, 관광창업기업을 육성하여 지역관광산업을 탄탄하게 만들어야 한다. 우석대학교는 지역의 관광기업에 관심을 기울여 관련 교육이 이뤄지도록 '지역 관광기업 경영자론'을 개설했다. 수업의 목표는 '우리 지역에 있는 관광기업이 발전하려면 어떻게 무엇이 필요한가?'에 대한 해답을 찾는 것이었다.

2. 과정

학생들은 토론을 통해 지역의 관광기업을 선정했다. 여러 경로의 조사를 통해 음식·캠핑·갤러리카페·여행사·박물관 등 각 분야를 대표할 만한 기업을 찾아냈다.

음식 분야는 '길거리야'라는 수제 바게트 버거를 파는 음식점이다. 바게트 버거는 전주 한옥마을에서 오래전부터 인기를 끌었던 간식으로, JTBC의 『수요미식회』를 통해 전국적으로 유명세를 타고 있다. 길거리야는 전주대학교 앞에서 창업한 업체로 현재는 전주대학교와 전주 한옥마을에 매장을 두고 있다. 독특한 형태의 이 버거는 딱딱한 바게트 빵을 절반으로 자르고 속을 집게로 파낸 뒤 불고기 양념으로 버무린 돼지고기와 각종 채소를 볶아 속을 채워 만든다. 신선한 채소를 사기 위해 새벽시장을 찾아갈 정도로 식재료에 진심인 대표의 열정이 지역을 대표하는 요식업 기업 사례로 뽑혔다. 바게트에 들어가는 고추 하나를 준비하기 위해 진주까지 찾아가는 등 좋은 식재료에 대한 경영자의 열정이 얼마나 중요한가를 보여주는 대표적인 요식업 기업 사례이다.

캠핑 분야는 우리 지역에서 캠핑카를 생산하고 있는 '㈜가자'라는 캠핑카 제조업체이다. 캠핑관광은 해를 거듭할수록 수요가 증가하고 있고, 특히 2023년 새만금에서는 4년마다 열리는 '제

25회 세계스카우트잼버리'가 예정되어 있어 지역의 캠핑산업에 주목하게 되었다. 2012년에 카라반 사업을 시작으로 설립된 이 기업은 2015년에 전북성장유망기업으로 선정된 바 있다. 현재는 캠핑카 제조와 더불어 캠핑장 조성, 캠핑장 관리 등의 서비스 연계를 기획하고 있으며, 캠핑 분야 전반에 걸쳐 사업영역을 확대하고자 한다. 향후 지역의 중요한 산업군으로 성장하고, 지역의 캠핑문화를 선도해 나갈 기업으로 ㈜가자를 선정했다.

카페 분야는 전국에 널리 알려진 갤러리형 카페 '오스갤러리'이다. 우리의 공간이라는 뜻을 가진 O's 갤러리는 회화, 조각, 음악, 건축 등 다양한 주제의 문화 행사를 여는 갤러리이자 카페이다. 전라북도는 물론 전국의 갤러리카페 흐름을 선도하고 있는 기업이라 할 수 있다.

단순히 한 기업의 성공에서 그치는 것이 아니라, 주변 지역을 관광지로 만드는 촉발제 역할을 하고 있기 때문이다. 학생들은 지역의 새로운 관광지개발 모델이 된 오스갤러리를 선택하였다.

여행사 분야에서는 전주에서 가장 오래된 여행사 중의 하나인 '전일관광'이다. 1973년 전일여객이 창업되고, 1978년 관광버스 운영업과 여행업을 추가하게 되었고, 1982년 전일관광으로 분리된 다음 해외여행업을 시작하였다.

주력 관광상품은 해외 순례지 여행상품이다. 2014년에 대표가 '전북 세계 순례 대회'의 임원을 역임하면서 '한국형 순례 관광상품'을 지역의 자산으로 만드는 노력을 하고 있다. 지역관광기업으로서 지역관광 개발에 관심이 깊어, 전일관광을 선택하게 되었다.

박물관 분야는 '완주 책 박물관'이다. 완주 책 박물관은 완주 지역의 인문학 여행시장을 개척해 나가고 있다. 전북은 인문학 관광의 메카를 꿈꾸는 지역으로 출판과 관련된 인문학 관광자원이 풍부하다. 전주의 한지 문화, 전라감영의 인쇄 역사, 전주의 경판본과 완판본, 전북으로 이전한 한국출판문화산업진흥원 등이 있다.

완주 책 발물관은 전북의 다양한 인문학 자원의 화룡점정이라 할 수 있다. 삼례역 근처에 있는 양곡창고를 활용하여 만든 책마을문화센터인데 도서관 기능과 더불어 헌책을 사고팔 수 있는 서점 형태로 복합화한 것이다. 전북 인문학 관광 측면에서 책 박물관의 가치를 고려해 지역 관광기업으로 책 박물관을 선정했다.

3. 내용

　12월 10일, 한국도시·지역마케팅 연구원 주최로 개최한 '청년 지역의 미래를 말하다'의 '대학생 지역관광기업 혁신아이디어 발표회'에서는 총 5가지 주제로 학생들이 기업혁신 아이디어를 발표했다.

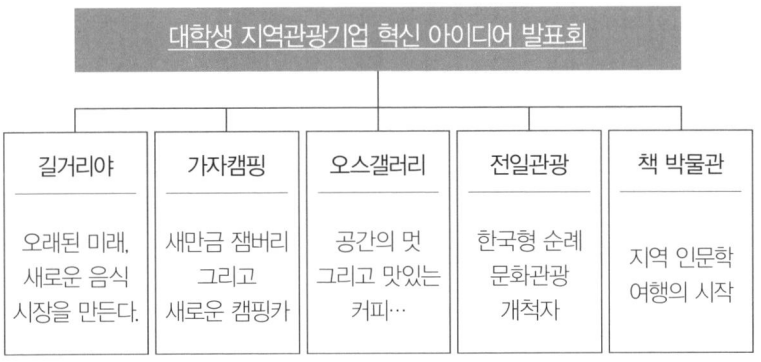

01 오래된 미래, 새로운 음식 시장을 만든다. '길거리야'

　길거리야 팀은 한옥마을에서 가장 유명한 바게트버거 맛집인 '길거리야'를 연구했다. 오래된 그 무엇이 미래가 될 수 있다고 생각한 학생들은 그동안 이 기업이 개척해 온 스토리를 기반으로 새로운 음식시장에 대한 미래전략을 구상하기로 했다. 주요 발표 내용은 창업 스토리 알리기, 미래경영 전략, 신규 진입이 가능한 한식 메뉴 개발 등에 관한 것이다.

02 새만금 잼버리 그리고 새로운 캠핑카 '㈜가자'

가자캠핑 팀은 새만금 잼버리와 새로운 캠핑카에 주목하고, '㈜가자'를 연구했다. 캠핑카 시장의 확대를 위한 아이디어 회의를 진행한 결과 3가지 제안을 했다. 첫째는 지진 등의 자연재해가 발생하는 경우 캠핑카를 세컨드 하우스로 활용하자는 방안이다. 둘째는 세계적인 캠핑대회인 새만금 잼버리대회를 겨냥하여 한국의 캠핑카를 충분히 홍보하자는 마케팅전략을 제시했다. 셋째는 캠핑카 내부 인테리어 재료로 친환경 소재인 종이를 활용하여 캠핑카를 차별화하자고 제안했다.

03 맛과 멋이 살아있는 '오스갤러리'

카페 분야는 '오스갤러리'이다. 카페문화를 선도하는 기업으로 전환이 필요한 시점이라 여기고 고객 설문조사를 했다. 오스갤러리 고객들의 심리 및 이용실태 파악을 통해 고객충성도의 비밀을 밝혀냈고, 방문객의 니즈도 찾아냈다. 그 결과를 적용하여 2단계 발전 방안을 적용하기로 했다. 1단계는 '공간의 아름다움 극대화', 2단계는 '다시 오고 싶은 맛'이다. 학생들은 지속적인 발전 방안 '가보고 싶은 오스'에서 '맛있는 오스'로 재방문율을 높이는 콘셉트 변화를 제안했다. 특히 기념품에 많은 관심을 보인 방문객을 겨냥한 오스갤러리 굿즈에 대한 아이디어도 함께 제시했다.

04 한국형 순례 문화관광시장 개척자, '전일관광'

여행사 분야는 한국형 순례 문화관광시장 개척자, '전일관광'이다. 전북을 국내 최고의 천주교 순례 관광지로 만들자는 제안을 하게 되었고, 그 역할의 적격자로 전일관광을 선택하게 되었다. 이 기업이 한국의 순례 관광 전문 여행사가 될 수 있다는 기대를 하면서 새로운 관광시장 개척 방안을 제시했다. 외국인을 대상으로 하는 패키지 성지순례 도보여행상품도 구상했다.

완주 천호 성지-숲정이 성지-초록바위 성지-치명자산-풍남문성지-전동성당을 잇는 패키지 관광상품을 제안했다.

05 지역 인문학 여행의 시작, '완주 책 박물관'

박물관 분야는 지역 인문학 여행의 시작을 알리는 '완주 책 박물관'이다. 학생들은 책 박물관이 단순하게 박물관으로서 존재하는 것이 아니라 인문학 관광 분야의 새로운 지평을 열고 있다는 것을 알게 되었다. 따라서 책 박물관을 전라북도 인문학 관광의 핵심자원으로 활성화하기 위한 전략을 발표 내용에 담았다.

먼저 한국 최초의 책 박물관이었던 '영월 책 박물관'이 현재의 '완주 책 박물관'으로 이전하기까지의 히스토리를 정리했다. 우리나라 박물관 운영 및 경영의 문제점, 책 박물관의 가치 등을 고민하면서 책 박물관의 자원 공유와 주민 간 소통을 위한 다양한 프로그램을 제안했다.

4. 가치 [㈜가자 대표이사 전용희]

나는 전북에서 캠핑카제조업을 하고 있다. 우석대학교 가족기업으로 기업 지원 관련 행사에 참석한 적이 있다. 어느 날, 공장에 학생들이 찾아왔다. '지역관광기업경영론' 수업을 듣고 있는 학생들이었다. 지역에 소재한 관광기업을 대상으로 기업경영에 도움이 될 만한 아이디어 발표회를 하는데 우리 회사를 선정하게 되었다고 한다.

기업에 직접 방문하여 현황 조사를 하고 난 후 관련 산업을 분석한다고 했다. 젊은 친구들이다 보니 맨 먼저 캠핑카 제작 과정에 큰 관심을 보였다. 호기심을 채우고 말겠구나 싶었는데 기업 설명, 캠핑카 시장 규모, 캠핑 시장의 향후 전망 등 많은 질문이 나왔다. 대상 기업이 우리 회사 하나인 줄로만 알았는데 발표회를 보니 5개였다. 우리 회사는 새만금 잼버리대회 활용 극대화 방안, 지역여행사는 특별한 종교관광상품 개발, 갤러리형 카페는 굿즈 개발 등의 아이디어를 제시했다.

아직은 미진하나 참신성 있는 아이디어라서 잘 다듬으면 도움이 될 것으로 보인다. 지역에서 시작한 작은 기업에 관심을 가져준 것만으로도 감사한 일이다. 자신들의 필요 때문에 찾은 것이 아니라 지역관광 기업의 발전을 위해 고민했다는 사실이 대견하고 감사하다. 나의 청년기는 어땠나 되돌아보게 된다. 다시 학생들이 이런 이유로 찾아온다면 기업의 대표가 아니라 선배로서 만나 응원해 주고 싶다.

첨부 자료

발표회 자료집

강의 교재

발표회 사진

발표회 사진

10장

청년, 지정환 신부의 철학을 배우다

지역의 정신에서 길을 찾다

몇 년 동안 코로나 영향으로 학회 활동이 어려웠다. 그러나 우석대학교는 우리 학회를 바쁘게 만들었다. 지역혁신 프로그램 '청년, 지역의 미래를 말하다' 때문이었다. 한국사회적기업학회는 우석대학교가 지역의 새로운 비즈니스모델을 만드는 데 협력했다. 학회는 지역의 사회적 경제와 사회적 기업의 역할에 대한 교육을 담당했다. 학생들은 지역을 바라보고 문제를 해결하는 능력을 배양했다. 비록 작은 아이디어일지라도 지역을 새롭게 바꾸는 씨앗이 되길 바란다.

한국사회적기업학회 이사장 권 형 남

[청년이 지역에 새긴 말들 - 17개의 이야기, 17개의 미래

10장. 청년, 지정환 신부의 철학을 배우다 (2019. 12. 19.)

/

지역의 정신에서 길을 찾다]

1. 동기

임실군은 우리나라 최초로 치즈를 개발한 지역이다. 주인공은 지정환 신부로 '한국 치즈의 아버지'라 불린다. 1964년 임실성당의 주임신부였던 지정환 신부는 수많은 시행착오와 시련을 이기고 치즈를 만들었고, 임실군을 한국 치즈의 메카로 만들었다. 지 신부는 2013년, 우석대학교 대학원 관광경영학과에서 '지역의 음식문화와 특화산업론'이라는 주제로 강의를 맡은 바 있다. 당시 다발성신경경화증이라는 지병을 갖고 있어서 강의하는 것이 불가능한 상황인데도 불구하고 컨디션을 조절해 가며 강의를 하셨다. 처음이자 마지막 대학 강의였다. 2019년 4월, 지정환 신부 선종 후 '임실치즈농협'과 '임실치즈음식문화연구회'의 요청으로

우석대학교는 관련 과목을 개설했다. 지 신부가 대학 강사로서 강의한 유일한 대학이기 때문에 의미가 깊다고 했다. 학생들은 지 신부의 '지역혁신 철학'을 가르치는 교양과목에서 지 신부의 일대기와 철학, 임실 치즈의 역사를 배웠다. 이를 바탕으로 '임실 치즈 혁신창업 아이디어 발표회'를 개최했다.

2. 과정

이 과목은 3가지 과정으로 나누어져 있다.

첫 번째는 지정환 신부에 대한 기록을 중심으로 일대기를 소개하는 과정으로 박수진 교수가 맡았다. 박 교수는 지 신부의 유일한 대학 제자이자 지 신부의 벨기에 고향 마을을 방문하여 가족을 만나고 온 장본인이다. 지 신부의 어린 시절, 신부가 되어 한국에 온 스토리, 치즈를 만들게 된 이야기, 마지막 봉사 활동까지 신부님에 대한 정신과 철학을 강의했다.

두 번째 과정은 임실치즈농협의 김동수 상무가 맡았다. '임실 치즈의 시작과 미래'라는 주제로 임실 치즈와 낙농업, 임실 치즈의 역사, 임실치즈사업의 현황에 대해 강의했다.

세 번째 과정은 한국사회적기업학회 부회장인 최길현 박사가 맡았다. 기업의 성공비결과 생존방식을 담은 『끝까지 살아남기』의 저자인 최 박사는 청년들에게 탐구정신과 도전정신을 강조했다. 특별 강의 교재로는 '임실 치즈 50년사'와 '지정환 신부의 임실 치즈 이야기', '만남' 등을 활용했다. 강의 초반부터 학생들은 엄청난 집중력을 보였고, 강의 후 8가지 혁신창업 아이디어를 발표했다.

3. 내용

2019년 12월 19일 개최한 '청년 지역의 미래를 말하다'의 '임실 치즈 혁신창업 아이디어 발표회'는 총 8가지 주제로 진행되었다.

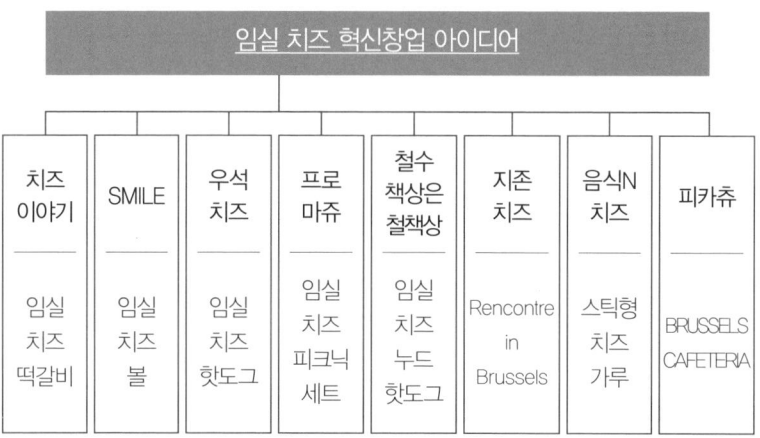

01 팀명 〈치즈이야기〉 - 주제 '임실 치즈 떡갈비'

임실에서 생산되는 치즈 중에서도 식감이 뛰어난 구워 먹는 치즈의 인기가 높은 편이다. 이 팀은 구워 먹는 치즈, 즉 모차렐라 생치즈를 떡갈비 형태로 만든 '치즈떡갈비'를 개발했다. 우리 고유의 음식인 떡갈비인데 실제 갈비 모양을 갖춘 치즈 음식이다. 냉동 밀키트 제품으로 해외배송까지 가능하도록 제품을 구성했다. 이 제품은 레스토랑 식사 메뉴로 확장이 가능하며, 남녀노소 가릴 것 없이 즐길 수 있고, 외국인의 입맛까지 사로잡을 수 있는 제품이라는 점에 강점이 있다고 주장했다.

02 팀명 〈SMILE〉 - 주제 '임실 치즈볼'

임실 치즈는 건강한 맛을 추구하고 있으나 제품구성 면에서는 그 종류가 다양하지 못한 편이다. 현재 포션치즈로 판매하고 있는 아몬드맛, 단호박맛, 플레인맛, 양파맛을 한 단계 업그레이드 하자는 의견이 나왔다. 또 하나는 치즈볼이다. 형태는 치즈볼로 만들고, 풍미와 식감을 높이기 위해 모차렐라 치즈를 첨가하자는 제안이다. 기존에 출시된 타사제품 치즈볼이 있기는 하나, 신선한 임실 치즈를 사용한다는 점을 강조하여 마케팅하자는 것이다. 특히 건강식을 추구하는 젊은 부모와 간편식을 선호하는 20~30대 직장인에게 어필할 수 있는 제품 개발의 필요성을 강조했다.

03 팀명 〈우석치즈〉 - 주제 '임실 치즈핫도그'

치즈 시장은 계속 성장세를 기록하고 있다. 소비가 늘어갈수록 제품도 다양해지고 있다. 빵과 치즈는 물론이고 고기와 치즈, 조개와 치즈를 결합한 여러 음식이 판매되고 있다.

이 팀은 치즈 사랑이 계속될 것이라 예견하고, 간식에 임실 치즈를 활용하자는 제안을 했다. 이미 임실 치즈 축제를 통해 치즈호떡이 인기를 끌었다는 점에 착안하여 2탄으로 치즈핫도그를 개발하자는 것이다. 임실 치즈핫도그 세트 제품은 10대~30대 중반의 젊은 고객을 타깃으로 설정하였다.

일반 핫도그 시장과의 차별화를 위해 고안한 '임실 치즈 프리미엄 핫도그'는 여러 가지 맛을 볼 수 있도록 작은 사이즈를 세트로 판매하자는 제안도 있었다.

04 팀명 〈프로마쥬〉 - 주제 '임실 치즈 피크닉 세트'

이 팀은 푸른 잔디가 인상적인 '임실치즈테마파크'에 집중했다. 유럽의 정원을 연상시키는 멋진 잔디 뷰를 활용하자는 의견이 나왔다. 임실치즈테마파크 방문객에게 피크닉을 즐길 수 있는 상품을 제공하자는 것이다. 영화의 한 장면을 연출할 수 있는 서비스 상품으로 '피크닉 세트 대여상품'과 '치즈 음식 및 치즈 음료' 등이 있다. 2인, 3인, 4인 세트로 구성하여 판매한다. 유럽식 정원에서 유럽 식품인 치즈를 먹거나 유럽식 피크닉을 즐길 수 있는 서비스사업이다.

- **공통 기본 구성:** 피크닉 매트, 바구니, 미니 테이블, 우드 도마, 식기 세트, 음료, 물티슈
- **2인 제공 메뉴:** 치즈김밥or치즈샌드위치, 임실 요구르트 2개 추가 선택 메뉴
- **3인 제공 메뉴:** 치즈김밥, 베이글or치즈샌드위치, 임실 요구르트 3개
- **4인 제공 메뉴:** 치즈김밥, 베이글, 치즈샌드위치, 임실 요구르트 4개

05 팀명 〈철수 책상은 철책상〉 – 주제 '임실 치즈 누드 핫도그'

이 팀은 새로운 개념의 핫도그 개발에 대한 아이디어를 내놓았다. 일반적인 핫도그는 소시지에 밀가루 옷을 입혀 튀겨낸다. 임실 치즈 누드 핫도그는 기존의 핫도그와의 차별화를 시도했다.

치즈, 과자 가루, 베이컨칩을 한데 섞은 치즈 반죽을 만들어서 소시지 위에 밀가루 옷처럼 입힌 다음 잘게 썰어 볶은 양파와 피망을 덧입혀 완성한다. 핫도그를 자주 찾는 10대~20대 학생들을 타깃으로 하고, 매장 판매보다는 푸드트럭 판매를 목표로 하여 제품을 구성했다.

06 팀명 〈지존치즈(乙존치즈)〉 – 주제 'Rencontre in Brussels (브루셀에서의 만남)'

이 팀은 디저트 창업카페를 제안했다. 임실 치즈를 활용한 다양한 디저트를 시그니처 메뉴를 판매하는 카페창업 아이디어이다. 카페의 이름은 임실 치즈 창시자이신 지정환 신부의 고향 '브뤼셀'과 생전에 가장 좋아하셨던 노래인 「만남」을 결합하여

'Rencontre in Brussels(브루셀에서의 만남)'으로 정했다.

카페의 슬로건은 '인생은 모짜렐라와 신데렐라처럼 길고 특별하게'라고 정했다. 레스토랑의 위치는 임실테마파크와 목장들이 모여있는 금성리로 설정하고, 세트 메뉴와 시그니처 메뉴는 아래와 같이 구성했다.

> ☑ **세트 메뉴**
>
> - 옥정호 치즈피자 + 체리에이드, 스폰지밥 치즈케이크 + 카페라떼
> - 치즈 세트(까망베르, 에멘탈, 고다) + 크래커 + 샹그리아티
>
> ☑ **시그니처 메뉴**
>
> - 모짜렐라 단호박에그슬럿, 치즈크루아상, 치즈요거트빙수, 옥정호 치즈피자, 치즈케이크
> - 샤르르 크림치즈번, 치즈요거트프라페, 치스타르트, 페다와플라떼

07 팀명 〈음식N치즈〉 - 주제 '스틱형 치즈가루'

이 팀은 '스틱형 치즈가루'라는 신제품개발 아이디어를 내놓았다. 한국의 스틱형 커피가 국내는 물론 해외에서도 인기를 끌고 있다는

점에서 착안했다. 맛도 맛이지만 시간과 장소에 구애받지 않고 간편하게 즐길 수 있다는 장점을 살리고자 했다. 편의성을 중시하는 요즘 소비자들의 니즈를 충족시키고자 한 것이다. 또 집에서 모든 걸 해결하는 '홈루덴스 문화'와 '혼밥문화'에도 어울린다는 것이 강점이다. 다양한 음식에 양념처럼 활용할 수 있다는 치즈분말스틱은 1인 가구를 주요 타깃으로 설정하고, 만능 맛간장이나 가루 조미료처럼 모든 사람을 요리사로 만들 수 있다는 점을 강조하는 제품홍보 방안도 제시했다.

08 팀명 〈피카츄〉 - 주제 'BRUSSELS CAFETERIA'

이 팀은 '임실 치즈 브런치 카페'를 창업 아이디어로 발표했다. 임실 치즈로 만든 샌드위치·와플·빙수를 시그니처 메뉴로 선정했다. 하는 카페 이름은 지 신부의 고향의 이름을 따서 '브뤼셀 카페테리아'로 정했다. 이 카페는 전 연령대를 주요 고객으로 설정하고, 모두가 쉽고 편안하게 먹을 수 있도록 임실 치즈를 활용한 브런치 메뉴를 다음과 같이 구성했다.

- 시그니처 메뉴: 치즈샌드위치, 치즈와플, 치즈빙수
- 기타 메뉴: 치즈베이글, 치즈아이스크림, 치즈케이크

4. 가치 [임실치즈농협 상임이사 심승만]

2019년 봄, 지정환 신부님이 영면하셨다. '임실치즈농협'은 장례식을 마친 후 신부님의 정신을 기리기 위해 우석대학교 측에 신부님 관련 교양과목 신설을 요청했다. 학기가 이미 시작된 터라서 다음 학기 개설을 약속했고, 그 약속이 지켜졌다. 조합은 교과목을 실용적으로 운영하는 데 협조하기로 했다.

조합의 시초는 신부님이다. 따라서 아이디어 발표회 주제는 '임실 치즈와 조합의 활성화 방안'으로 방향이 잡혔다. 과정도 결과도 놀라웠다. 별도의 자문을 요청하는 경우도 있었고, 직접 치즈를 구매해서 먹어보며 상품평을 하기도 했다. 발표회 당일에는 총 8개의 팀의 아이디어가 나왔다. 가공기술과 가공시설을 갖추면 바로 출시할 수 있는 스틱제품, 아기 양 캐릭터를 이용한 기념품, 치즈 판매를 위한 예쁜 상점 인테리어 등 젊은 수요자의 니즈에 딱 어울리는 아이디어였다. 청년들이 생각하는 좋은 상품,

좋은 마케팅이란 이런 것이 아닌가 싶었다.

 의미 있는 행사를 주최해 준 우석대학교, 한국사회적기업학회에 감사드린다. 그리고 커리큘럼을 만들어주신 황태규 교수님, 신부님의 일대기와 정신을 강의해 주신 박수진 교수님, 임실치즈 조합의 발전 방안을 강의해 주신 최길현 교수님께도 감사드린다. 만약 발표에 참여한 학생 중에 우리 조합에 취업하기를 원하는 청년이 있다면 그들의 취업에 도움이 되고 싶다.

첨부 자료

발표회 자료집

강의 교재

치즈와 함께한 수업

보도 자료

청년, 진안 고원의 미래를 말하다

고원의 시간에 치유의 미래를 심다

『청년, 지역의 미래를 말하다』는 지난 13년 동안 17회에 걸쳐 지역 청년들이 스스로 문제를 정의하고 해법을 제안해 온 실천의 기록입니다. 이 책에 담긴 과정은 단순한 발표회가 아니라, 지역대학과 지자체, 기업이 하나로 연결되어 청년의 아이디어를 실현 가능한 정책으로 구체화해 낸 의미 있는 사례입니다. 특히 성인 학습자와 지역기관이 함께 참여한 13회 이후의 프로젝트는 전북특별자치도 RISE사업이 추구하는 산학일체형 지역혁신의 우수 모델로 자리 잡았습니다. 청년과 지역이 함께 만든 변화의 흐름은 앞으로 더욱 큰 성과로 이어질 것입니다. 전북 RISE센터는 청년의 도전과 지역사회의 협력이 결실을 맺을 수 있도록 끝까지 함께하겠습니다. 청년의 말이 지역의 내일이 되는 여정에, 변함없는 응원을 보냅니다.

전북 RISE센터장 채 수 찬

청년이 지역에 새긴 말들 - 17개의 이야기, 17개의 미래

11장. 청년, 진안 고원의 미래를 말하다 (2020. 12. 10.)

/

고원의 시간에 치유의 미래를 심다

1. 동기

남한에는 3개의 고원이 있다. 태백고원, 진안고원 그리고 운봉고원이다. 고원은 고지대의 평지로서의 경관 가치를 지닐 뿐만 아니라 담수를 담고 있는 숨겨진 보물 창고다. 주요 하천들이 이 고원에서 발원하므로 수자원 확보라는 측면에서 볼 때 전략적 요충지이다. 태백고원은 한강과 낙동강의 발원지이고, 진안고원은 섬진강과 금강의 발원지이다. 특히 기후 변화로 인해 고원의 중요성이 높아지고 있다. 전북의 지붕이라 불리는 진안고원은 뚜렷한 사계절의 온도 차이로 인해 다양한 고원 식재료를 생산하고 있고, 자연 관광자원도 풍부하여 생태관광지 개발 공간으로 적합하다는 데에 의견을 모았다. '청년, 지역의 미래를 말하다' 팀은

이번 학기에 진안고원의 중심지인 진안군을 대상으로 새로운 관광상품을 개발하는 작업을 하기로 했다.

2. 과정

학생들은 한 학기 동안 지역혁신 방안을 모색하기 수차례 진안군을 방문했다. 생태문화 현장에서는 자원화가 가능한 것이 무엇인지를 살피고, 집중토론을 통해 지역의 혁신 과제를 선정했다. 특히 진안군 주요 정책이 관광산업인 점을 감안하여 '진안군의 관광혁신 방안'을 주제로 선정하고, 5가지 과제를 발굴했다.

3. 내용

2020년 12월 10일 개최한 '청년 지역의 미래를 말하다'의 '진안군 대학생 지역관광 혁신 아이디어' 발표회는 총 5가지 주제로 진행되었다.

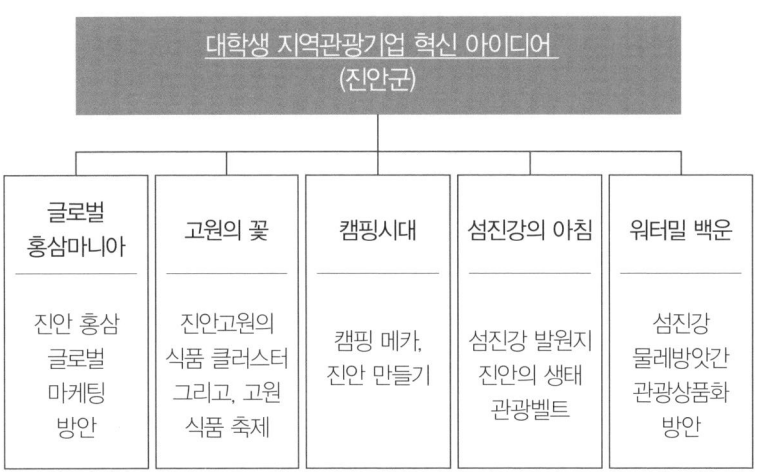

01   팀명 〈글로벌홍삼마니아〉 – 주제 '진안 홍삼 글로벌 마케팅 방안'

이 팀은 '진안 홍삼 글로벌 마케팅 방안'을 제시했다. 홍삼은 중국인이 가장 선호하는 건강식품이지만 사드 사태 이후 중국인 바이어의 발길이 현저히 줄어들어 중국 수출이 어려운 상황이다. 학생들은 여기에 주목하고 새로운 글로벌 마케팅 방안을 제시하고자 하였다. 국내 유학생을 대상으로 하는 진안 홍삼 글로벌 마케팅 방안을 제시하기 위해 먼저 중국인 유학생 대상으로 설문조사와 소비 성향 분석했다. 조사 결과를 바탕으로 여러 가지 마케팅 방안이 나왔고, 특히 홍삼 멀티 자판기 설치 등은 흥미를 끌었다.

02 팀명 〈고원의 꽃〉 - 주제 '진안고원의 식품 클러스터 그리고 고원 식품 축제'

이 팀이 제안한 주제는 '국내 유일의 고원 축제' 개최에 관한 것이다. '진안고원의 식품 클러스터 조성 및 고원 식품 축제 개최'의 내용은 두 가지로 요약된다. 첫째는 기후 변화로 인해 더욱 가치가 높아지고 있는 진안고원을 중심으로 차별화된 식품산업단지를 조성하는 것으로 '진안고원 식품산업 클러스터의 구축'이다. 둘째는 진안고원에서 생산된 식품을 마케팅하기 위한 수단으로 전국 유일의 고원 식품 축제를 열자는 제안이다. 고원에서 자란 채소와 과일은 큰 일교차와 풍부한 일조량으로 그 맛과 품질이 우수하다. 이 고원 식품을 주제로 진안을 대표하는 새로운 가을 축제로 만들자는 내용이다.

03 팀명 〈캠핑시대〉 - 주제 '캠핑 메카, 진안 만들기'

이 팀의 제안은 '캠핑 메카, 진안 만들기'이다. 코로나로 인하여 모든 관광산업이 축소되고 있음에도 불구하고 유일하게 성장하는 산업이 바로 캠핑산업이다. 그래서 어떻게 하면 진안군이 바로 이러한 캠핑시장에서 선두가 될 것인가에 대한 고민과 해결방안을 담고자 했다. 건강하고 안전한 여가활동으로 각광받고 있는 캠핑산업, 학생들은 캠핑 공간으로서 진안의 우수성을 어필했다.

고원지대의 수려한 자연경관과 편리한 교통여건을 확보하고 있다는 강점을 최대한 살려서 캠핑활동을 최적화할 수 있는 관광상품 개발을 제안했다. 이를 위해 진안군이 '캠핑산업 육성을 위한 조례' 등을 제정하여 캠핑 메카로 도약하는 길을 모색해야 한다고 강조했다.

04 팀명 〈섬진강의 아침〉 - 주제 '섬진강 발원지 진안의 생태 관광벨트'

이 팀은 섬진강의 발원지인 데미샘을 중심으로 '섬진강 생태관광벨트'를 구상했다. 섬진강은 기존에 개발된 4대강과는 다르게 자연생태 훼손이 적은 강이라서 생태적 가치가 높다. 학생들은 섬진강 주변에 있는 데미샘, 물레방앗간, 창자도요지, 풍혈냉천 등 다양한 관광자원을 결합하여 국내 유일의 강변생태문화관광벨트를 만들자는 아이디어를 제출했다.

05 팀명 〈워터밀 백운〉 - 주제 '섬진강 물레방앗간 관광상품화 방안'

이 팀의 '섬진강 물레방앗간 관광상품화 방안'을 주제로 잡았다. 학생들은 백운면에 접해있는 섬진강 강가의 자원에 대해 집중적으로 탐구하고, 그 결과 한국에서 가장 오래된 물레방앗간이 있다는 사실을 알게 되었다.

백운면의 방앗간은 우리가 알고 있는 전통적인 물레방앗간과는 다르다. 물레방아를 이용해 근대화된 기계를 돌릴 수 있도록 고안되어서 어떤 전문가는 이 물레방앗간을 '산업형 물레방앗간'이라고도 부른다. 최근까지 사용했던 것으로 수문만 열면 가동이 가능할 정도로 양호한 상태라고 한다. 학생들은 물레방앗간을 재가동하고, 섬진강변의 곡식을 도정하여 물레방아쌀, 물레방아떡 등의 가공식품을 만들어 판매할 것 등을 제안했다.

또 주민공동체 문화 공간이었던 정미소 일부를 카페 공간으로 리모델링하여 섬진강을 느낄 수 있는 최적의 공간으로 만들자는 의견도 내놓았다.

4. 가치 [한국사회적기업학회 부회장 최길현]

남한에는 3개의 고원지대가 있는데 그중 진안고원과 운봉고원이 전북에 있다. 진안고원이 가장 커서 호남지방의 지붕이라 불린다. 진안고원은 섬진강의 발원지이고, 금강의 핵심수자원인 용담댐을 가지고 있다. 이렇게 큰 산악자원과 수자원을 가진 진안의 관광상품에는 무엇이 있을까? '한국사회적기업학회'는 '자원중심의 관광개발상품 개발'이란 주제로 우석대학교 학생들과 발표회를 열었다.

학생들은 진안군 구석구석을 돌아다니며 관광자원을 탐색했다. 학생들 머리에서 좋은 아이디어들이 쏟아져 나왔다. 한국에서 제일 오래된 물레방앗간이 있는데 이를 활용하여 물레방아 떡을 만들고 물레방아 굿즈를 개발하자는 아이디어, 고원의 특성을 살린 진안고원 식품클러스터 구상, 고원 음식 축제, 외국인 대상 새로운 홍삼 가공식품 개발 등이 나왔다. 뿐만이 아니라 종합적인 홍삼 글로벌 마케팅 전략, 냉천을 포함한 섬진강 생태 관광상품 개발 등 모두 지역의 자원에 집중한 관광상품들이다. 부디 이 멋진 아이디어들이 진안지역의 새로운 관광상품 개발에 적용되길 바란다.

첨부 자료

발표회 자료집

강의 교재

발표회 사진

보도 자료

청년, 장수의 미래를 말하다

캠핑, 자연 그리고 살아있는 관광의 실험

산학연 네트워크에 학생 참여는 쉽지 않다. 우석대학교의 지역혁신 프로그램은 그 어려운 일을 시작하게 했다. 『청년, 지역의 미래를 말하다』는 전북지역 전체가 만들어낸 결과물이다. 학교는 관련 과목을 만들어 프로젝트를 지원했다. 기업은 기꺼이 현장교육의 장을 내주었고, 지역전문가들은 실용적인 문제해결 방법을 지도했다. 이 정도면 산학연관 협력의 대표적인 모델이라 할 수 있을 것이다.

우석대학교 RISE사업 추진단장 정 희 석

청년이 지역에 새긴 말들 - 17개의 이야기, 17개의 미래

12장. 청년, 장수의 미래를 말하다 (2021.06.24.)

/

캠핑, 자연 그리고 살아있는 관광의 실험

1. 동기

장수군의 성장은 많은 사람을 놀라게 했다. 작은 산골마을에 한우와 사과를 특화작물로 성공시켜 주민 소득수준을 높이 끌어올렸기 때문이다. 하나의 지역특산물을 특화하기도 어려운데 '장수 사과와 장수 한우'를 특화하는 데 성공하여 농민 평균소득을 전국 최고의 수준으로 끌어올린 것이다.

여기에는 장수군 농업정책의 비밀이 있다. 장수군은 농가 전체의 70%에 해당하는 3천 가구의 소득을 연 5천만 원으로 목표를 정했다. 그리고 꾸준히 '농업목표 소득정책'을 펼쳤고 10년 만에 목적을 달성하면서 했다. 낙후지역 전북에서 최고의 부농이라는 신화를 만들어내면서 더욱더 화제가 된 지역이다. 하지만 다

음 과제가 남아있다. 바로 농업과 관광의 결합이다. 그래서 '청년, 지역의 미래를 말하다' 팀은 장수 식품클러스터사업단의 후원 아래 장수군 관광혁신정책에 대해 논의하게 되었다.

2. 과정

코로나 19의 장기화로 관광산업이 총체적인 위기를 맞고 있으나 오히려 기회를 얻은 지역도 생겼다. 코로나 19가 잉태한 새로운 관광 트렌드는 안전함, 실내보다는 야외, 명승지보다는 자연 경관, 단체보다는 소규모와 가족 단위 등이다. 지역은 이런 수요에 맞는 관광 형태의 조건을 갖추고 있다. 사회적 거리를 두되 여행 욕구를 해소할 수 있다는 점에서 캠핑관광이 급속히 확산·팽창하면서 지역의 관광산업에도 영향을 미쳤다. 이렇게 형성된 캠핑문화는 코로나 이후에도 지속할 전망이어서 캠핑산업의 고도성장이 예측된다.

우석대학교에서는 이런 관광 트렌드를 수업에 반영하기로 했고, 학생들은 캠핑산업의 전망과 유튜브 제작에 관한 과목을 수강했다. 장수군을 방문하여 지리적인 특성을 파악하고, 장수 한우와 장수 사과에 대해 조사했다.

지역자원을 최대한 활용하는 방안을 모색하는 과정에서 '캠핑관광산업'을 지역관광 혁신방안으로 선정했다. 한우, 사과와 관련한 지역산업과 동반 성장할 수 있다고 여겼기 때문이다. 조를 편성하고 맞춤형 라이프 스타일을 적극적으로 수용할 수 있는 최신형 캠핑산업 아이디어 발굴작업에 들어갔다. 그 결과 장수 농산물을 활용한 캠핑푸드, 반려동물과 같이 즐길 수 있는 캠핑장 조성, 캠핑 전문직업 발굴, 유튜버 활용 홍보마케팅 방안, 캠핑산업 활성화를 위한 제도 마련 등에 대한 아이디어를 준비하여 발표했다.

3. 내용

학생들은 장수군의 믿을 수 있는 식재료와 수려한 자연경관을 활용한 캠핑관광 주제를 5가지로 설정하고, 다음과 같은 내용으로 지역관광 혁신 아이디어를 발표했다.

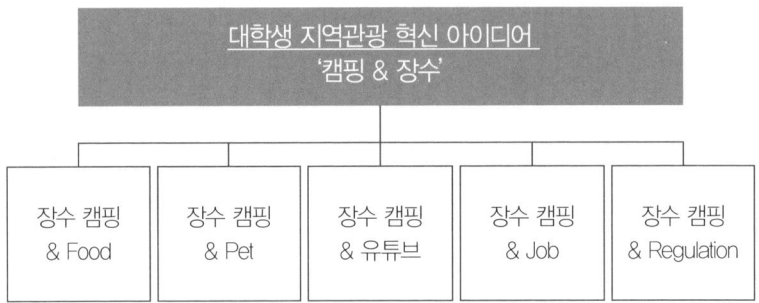

01 장수 캠핑 & Food

이 팀의 주제는 '장수 캠핑 & Food'에 관한 전략이다. 코로나 이후 급속도로 성장하고 있는 캠핑산업의 속도에 부응하려면 무엇이 필요한지에 대한 고민을 했다. 장수의 한우와 사과를 활용한 '캠핑 밀키트'를 만들어 장수를 캠핑푸드의 고장으로 만들자는 전략을 세웠다. 로컬식품으로 밀키트를 차별화하자는 내용이며, 장수군 내 캠핑장에는 마을기업이 참여하고, 인근의 무주군과의 협업이 가능하도록 선순환 유통망 구상도 포함하여 제안했다.

02 장수 캠핑 & Pet

이 팀의 주제는 '장수캠핑 & Pet' 전략이다. 학생들은 가파르게 증가하고 있는 반려동물 인구에 주목했다. 그래서 장수군을 반려동물과 함께하는 최적으로 캠핑 관광지로 만들자는 제안을 했다. 반려동물이 사람이 함께 교감할 수 있는 다양한 공간(산책로 등) 및 프로그램(동반 수영 등)이 제시되었다. 이외에도 지역 수의사들로 구성되는 반려동물 119 운영 등이 있는데, 장수군을 반려동물 배려 특수지역으로 만들자는 프로그램을 제시한 것이다.

03 장수 캠핑 & 유튜브

이 팀의 주제는 '장수 캠핑 & 유튜브'이다. 장수군을 캠핑 최적지로 만들기 위한 홍보 전략을 담았다. 학생들은 장수군에 있는 기존의 캠핑장과 주변 관광지를 방문하여 직접 촬영·편집을 했다. 유튜브에 올릴 동영상을 제작했다는 것만으로도 작은 성과를 얻었다고 볼 수 있다.

04 장수 캠핑 & Job

이 팀의 주제는 '장수 캠핑 & Job' 전략이다. 학생들은 장수가 캠핑산업을 특화하고 선도하기 위해서는 캠핑장 전문 운영자가 필요하다고 생각했다. 캠핑장 운영의 전문성을 높이기 위한 방안으로 '캠핑매니저제도'를 제안했다. 캠핑관리사를 상시 근무하게 하는 이 제도는 아직 실시하는 곳이 없으므로 장수에서 시작한다면 전국 최초라는 타이틀도 얻게 된다고 강조했다.

05 장수 캠핑 & Regulation

이 팀의 주제는 '장수 캠핑 & Regulation' 전략이다. 캠핑장과 캠핑산업의 차별화를 꾀하기 위한 지방정부의 역할과 제도에 대한 제안을 내놓았다. 캠핑장 시설 정비, 도심 내 캠핑카 특별 주차장 조성 등 캠핑산업 전반을 지원할 수 있는 '장수 캠핑산업 지원조례'를 제정하자는 것이다. 캠핑산업 지원조례를 통해 캠핑 관련 다양한 산업을 육성하고 장려할 수 있는 여건을 만들어줘야 한다고 주장했다.

4. 가치 [장수식품클러스터사업단장 서병선]

 장수군은 인구 2만 명 정도의 작은 지자체이지만, 사과와 한우를 지역 브랜드로 만드는 데 크게 성공했다. 그런 성공 스토리를 널리 알리는 데에는 우석대학교 황태규, 박수진 교수님의 역할이 컸다. 우리 지역의 성공 사례를 책으로 발간했는데, '세종도서'에 선정되는 영광도 함께 누렸다.

 그런 가운데 또 한 번의 좋은 소식이 들렸다. 우석대학교 학생들이 장수군 관광상품 개발을 위한 발표회를 연다는 것이다. 장수군이 '사과랑 한우랑 축제'를 성공시키면서 지역관광에 노력하고 있는 터라서 관심이 컸다. 나는 학생들의 견학에 동행하면서 사과밭과 한우농장의 역사를 설명해 주었다. 얘기를 재미있게 듣더니 오늘의 장수군을 만들게 된 신화라고 말해 줘서 감명받았다.

 발표회 내용을 보고 나는 다시 한번 놀랐다. 학생들은 최근 가장 핫하다는 트랜드 '캠핑과 장수'였다. 장수의 캠핑 & 푸드, 캠핑 & 펫, 캠핑 & 조례 등이 나왔다. 장수가 캠핑의 도시로 부각할 수 있도록 다양한 아이디어를 제시했다. 장수군에서 이 주제를 가지고 집중한다면 바로 실행이 가능할 것으로 생각한다. 전북의 작은 마을 장수를 위해 열정을 가지고 발표회에 참여해 준 학생들에게 다시 감사의 마음을 전한다.

첨부 자료

발표회 자료집

강의 교재

발표회 사진

지역 탐방

청년, 무주의 태권문화관광을 말하다

전통무예에 담은 글로벌 문화콘텐츠

무주에서 열린 이번 발표회는 태권도를 단순한 무술이 아닌 문화, 관광, 산업으로 확장하려는 우석대학교 학생들의 열정이 빛났던 자리였습니다. 학생들의 아이디어는 실현 가능성과 시장성, 확장성까지 갖추고 있었고, 특히 역사와 문화유산을 단순한 자료가 아닌 살아있는 이야기로 풀어낸 점이 인상 깊었습니다. 이번 발표를 통해 청년들이 지역을 바라보는 시각과 상상력이 얼마나 크고 실질적인지를 느낄 수 있었으며, 이러한 노력이 앞으로 지역 정책이나 관광 콘텐츠로 이어지길 기대합니다. 무주를 위해 열정을 다한 학생들에게 깊이 감사드립니다.

前 태권도진흥재단 사무총장 이 종 갑

청년이 지역에 새긴 말들 - 17개의 이야기, 17개의 미래

13장. 청년, 무주의 태권문화관광을 말하다 (2023.06.09.)

/

전통무예에 담은 글로벌 문화콘텐츠

1. 동기

전라북도 무주는 태권도의 성지로서, 전 세계에서 유일하게 태권도 전용 복합시설인 태권도원이 자리하고 있는 지역이다. 무주는 자연경관이 뛰어난 관광지임에도 불구하고, 태권도라는 세계적인 문화자산을 관광자원으로 충분히 활용하지 못해 아쉬움을 자아내왔다. 특히 전북은 '체류형 관광객' 확보에 애를 먹고 있는 상황에서, 무주의 태권도원이 하루 방문형 관광에 그치는 현실은 더 큰 과제로 다가왔다.

이에 '청년, 지역의 미래를 말하다 13'이란 슬로건으로 프로그램을 주도한 우석대학교 학생들은 무주의 태권도 자산을 활용한 관광 활성화 방안을 고민하기 시작했다. 그 결과 '태권문화관광'

이라는 주제를 중심으로 무주 관광의 혁신 방향을 설정하게 되었으며, 다양한 배경의 청년들이 아이디어를 모아 구체적인 관광 상품화 방안을 제시하게 되었다. 단순한 태권도 체험을 넘어서, 전북의 자연과 문화, 전통 그리고 현대적 콘텐츠가 융합된 새로운 K-tour 브랜드로서의 가능성을 모색한 것이다.

2. 과정

이번 프로젝트는 전북관광협회, 한국사회적기업학회, 우석대 LINC 3.0 사업단이 공동주최하고, 태권도진흥재단과 전북문화관광재단, 무주군이 후원하면서 지역사회와 학계, 공공기관이 유기적으로 협력하여 진행되었다. 학생들은 한 학기 동안 무주 지역을 다방면으로 탐방하고 조사하며 태권도와 관광을 접목할 수 있는 다양한 가능성을 살펴보았다.

특히 무주 현지의 여행사 대표이자 관광상품 전문가인 '아름다운 포시즌' 송영식 대표의 현장 지도를 통해, 무주의 기존 관광자원과 한계를 분석하고, 그에 따른 맞춤형 관광전략을 도출했다. 뿐만 아니라 관광 마케팅 수업과 유튜브 실습을 병행하며, 아이디어에 실현 가능성과 설득력을 더했다.

이러한 과정을 통해 학생들은 '태권문화관광'을 중심으로 한 7개의 혁신 아이디어를 완성하고, '대학생, 무주 태권문화관광 아이디어 발표회'에서 이를 발표하였다.

3. 내용

학생들의 발표는 무주의 고유 자산과 글로벌 관광 트렌드를 결합한 실질적이고 창의적인 제안들이었다. 다음과 같은 7개의 관광상품 아이디어를 발표했다.

01 태권의 밤 - 야간 태권관광 축제

관광객 체류 시간을 늘리기 위한 전략으로 무주의 생태 야간 축제와 태권도원을 결합하여 '야간 태권 콘텐츠'를 기획했다. '야간 태권도 시범', '태권 무드 조성 조형물', '야간 태권 음식 축제' 등 3개 영역으로 구성된 이 제안은 무주의 밤을 밝히는 새로운 콘텐츠로 제시되었다.

02 관광할 준비됐죠 - 태권 농촌 유학

전북교육청의 농촌유학정책과 연계하여, 무주만의 '태권 농촌 유학' 프로그램을 제안했다. 무주에서만 가능한 태권도 중심의 방과후 프로그램, 주말 가족 참여형 힐링 체험, 시즌별 스포츠 체험(수영, 스키) 등을 통해 생활인구 증가를 유도하고, 지역 정주 기반을 마련하려는 계획이다.

03 겨울과 함께 - Winter Taekwon Tour

  겨울이 없는 동남아, 특히 베트남 관광객을 대상으로, 무주의 태권도 체험과 스키 관광을 결합한 고부가가치 겨울관광상품. 베트남 유학생 팀이 직접 발표하여 실효성과 수요 중심의 접근이 돋보였다.

04 관광을 맡겨조 - 태캉스 전략(태권도 + 바캉스)

  태권도 체험과 건강식을 즐기는 힐링 여행 콘셉트로, '태권 밥상 → 태권도 체험 → 명상 산행(덕유산)'이라는 순환형 프로그램 제시. MZ세대를 위한 캐릭터 마케팅을 통해 SNS 확산 전략도 포함되었다.

05 2조 - 태권관광 기념품

  무주의 독특한 돌 문양과 태권도 동작을 접목한 디자인을 활용해, 지역 예술가의 손길이 더해진 텍스타일 기반 기념품(예: 태권 쿠션, 고급 벨트 등)을 기획했다. 오직 무주에서만 구입 가능한 태권관광상품으로 '전통과 실용의 조화'를 강조했다.

06 3조 - 태권화(跆拳畵)

지역 석화를 활용한 '태권도 테마 회화작품'으로, 장식성과 기념품성을 모두 충족시키는 고급 콘텐츠를 기획하였다. 장기적으로는 전 세계 태권도장에 보급되는 작품화를 목표로 설정하였다.

07 1조 - 태권 케이크 & 브레드

태권도 벨트, 도복 등을 모티브로 한 디저트를 개발하여, 외국인 관광객을 위한 기념 간식으로 상품화 방안을 제시하였다. 무주의 농산물과 연계한 고급 관광푸드로 확장 가능성을 보여주었다.

4. 가치 [태권도 진흥재단 사무총장 이종갑]

　태권도 하면 무주를 떠올리는 사람들이 점점 늘고 있다. 그 중심에 이번 우석대학교 학생들의 발표회가 있었다. 태권도를 단순한 무술이 아니라, 문화이자 관광, 그리고 산업으로 바라보려는 이들의 시도가 무척 인상 깊었다. 발표회에 참석하면서 나는 이 작은 시골 마을 무주에서 시작된 아이디어가 정말 커다란 가능성을 품고 있다는 걸 느꼈다.

　학생들의 아이디어에는 실현 가능성뿐만 아니라 시장성과 확장성도 담겨있었다. 태권도를 중심으로 한 체험 콘텐츠, 지역산업과 연계된 관광상품, 그리고 전 세계 태권도인을 타깃으로 한 국제 콘텐츠까지…. 이쯤 되면 '태권관광'이라는 말이 그냥 슬로건이 아니라 하나의 미래 전략이라는 생각이 들었다.

　무엇보다도, 학생들이 역사적인 인물이나 문화유산을 자료로만 다루지 않고, 그 안에 숨은 정신과 이야기를 살려내려 노력한 모습에 마음이 움직였다. 이 아이디어들이 단순히 발표에서 끝나지 않고, 실제 정책으로 이어진다면 무주군이 태권도와 함께 세계적인 문화관광도시로 거듭날 수도 있을 것이다.

　이 발표회를 계기로 청년들이 지역에 대해 품은 상상력이 얼마나 크고 실질적인지 다시금 확인할 수 있었다. 무주군을 위해,

또 태권도를 사랑하는 사람들을 위해 열정을 담아 발표한 학생들에게 고맙다는 말을 전하고 싶다.

첨부 자료

발표회 자료집

황태규의 지역혁신성장론 **지역의 시간**

강의 교재

발표회 사진

보도 자료

2부. 청년이 지역에 새긴 말들 197

14장

청년, 순창의 미래를 말하다

발효로 만드는 K-맛, K-브랜드

순창 발표회는 단순한 과제가 아닌, 지역 문제에 진심으로 다가선 청년들의 실험장이었습니다. 학생들은 한 학기 동안 지역을 직접 체험하며 사람과 땅의 이야기를 담아냈고, 그 속에서 새로운 가능성을 발견해 냈습니다. 특히 순창의 발효와 미식 자원을 지역 정체성과 연계하려는 창의적이고 지속 가능한 접근이 돋보였습니다. 발표마다 지역과 주민을 고려한 고민이 담겨있었고, 청년과 지역이 진정한 파트너로 연결되어 있다는 느낌을 받았습니다. 이러한 청년들의 시각과 제안이 실제 정책으로 이어져 순창 관광의 새로운 출발점이 되기를 기대합니다.

순창발효관광재단 대표 선 윤 숙

청년이 지역에 새긴 말들 – 17개의 이야기, 17개의 미래

14장. 청년, 순창의 미래를 말하다(2023.11.27)

/

발효로 만드는 K-맛, K-브랜드

1. 동기

전북 순창군은 '고추장의 고장'으로 널리 알려져 있으며, 전통 발효문화와 건강식의 본산지로서 관광 발전 가능성이 매우 높은 지역이다. 하지만 '순창 고추장'이라는 강력한 브랜드가 오히려 대기업 중심으로 소비되면서, 지역 정체성과 연계된 자원 활용에는 한계가 있다는 지적이 있었다. 더불어 순창전통고추장마을은 한때 전국적인 명소였지만, 현재는 빈 점포 증가와 상권 침체로 어려움을 겪고 있으며, 발효테마파크 역시 방문객 유치와 체류 시간 증가에서 한계를 드러내고 있다.

이런 상황에서 우석대학교 관광학과 학생들은 순창을 관광 콘텐츠로 혁신할 방안을 모색하고자 학기 초부터 '딜리셔스 순창'이

라는 주제를 설정하였다. 단순한 먹거리의 도시가 아닌, 발효문화와 미식교육, 힐링·가공·유학을 아우르는 '종합 관광자원 도시'로의 전환을 목표로 삼았다. 이는 지역청년들이 지역의 문제를 직접 진단하고 해법을 구상해 보는 새로운 정책개발 접근방식으로서도 큰 의미를 지녔다.

2. 과정

 관광학과 학생들은 한 학기 동안 순창을 집중 탐방하며, 순창발효관광재단의 안내 아래 순창의 주요 관광지를 조사했다. 강천산, 고추장마을, 발효테마파크 등 주요 공간을 현장 방문하고, 관련자와의 인터뷰 및 자료 조사를 병행했다.

 이후 5개 팀으로 나뉘어 각 조는 하나의 핵심 이슈를 중심으로 아이디어를 개발했다. 학생들은 단순 체험형 관광을 넘어서 지역 공간 재생, 상품 개발, 청소년 유입, 생활인구 증가 등 다층적인 해결책을 고민했고, 이를 바탕으로 지역 맞춤형 아이디어를 도출해 발표회에서 공유했다.

3. 내용

학생들이 제안한 5개의 핵심 아이디어는 순창의 발효자원, 관광지, 지역 현안 등을 바탕으로 각각 뚜렷한 문제의식과 실현 가능성을 담고 있으며, 그 내용은 다음과 같다.

01 재밌조 – 순창 발효테마파크 활성화

순창 발효테마파크의 타깃층이 주로 유아 및 초등학생에 한정되어 있음을 지적하며, 이 연령대가 즐기고 이해할 수 있도록 콘텐츠를 재구성할 필요가 있다고 판단했다. 전시 공간은 체험 중심으로, 설명은 만화나 인터랙티브 요소로 쉽게 풀어야 한다는 제안이 있었고, 이와 함께 청소년을 대상으로 한 '순창 요리 챌린지'를 연중 운영함으로써 사계절 내내 발효테마파크의 활기를 높일 수 있다는 전략을 세웠다. 프랑스의 미식 교육 시스템을 참고해 요리를 통해 자연스럽게 발효문화를 학습하고 창의성을 키울 수 있도록 설계한 것이 특징이다.

02 대창막창순창 - 순창 재생사업 장기 프로젝트

순창의 상징이었던 전통고추장마을이 최근 상권 침체와 부동산 매각 문제로 쇠퇴하고 있는 현실에 주목했다. 이들은 전주 한옥마을의 성공사례를 참고하여, 고추장마을을 미식+체험+숙박이 어우러진 '로컬 컬처 스테이촌'으로 탈바꿈시키자는 아이디어를 제시했다. 장류 체험 공방, 마을 카페, 로컬 식당, 민박 등을 유기적으로 엮고, 청년 창업자를 유입시켜 마을 자체를 하나의 '식문화 체험지'로 전환하겠다는 계획이다.

03 아이돌 데뷔조 – 2023 '한 끼 한 포' 프로젝트

순창이 가진 식재료의 우수성을 현대인의 라이프 스타일에 맞춰 재해석했다. 바쁜 일상 속에서도 건강한 한 끼를 챙기고자 하는 수요에 맞춰, '순창 한 끼 한 포'라는 콘셉트로 로컬 농산물을 활용한 건강 간편식을 제안했다. 예를 들어 된장, 현미, 견과류를 혼합한 고단백 수프 파우치, 고추장과 채소를 이용한 볶음밥 농축 소스 등 다양한 레시피로 확장 가능성을 보여주었다. 특히 학생들은 이 제품군을 순창 내 소규모 가공공장이나 푸드랩과 연계해 로컬 일자리 창출로도 이어질 수 있다는 점을 강조했다.

04 순창향연 – 강천산 자연 향기 투어

순창의 대표 관광지인 강천산을 찾는 수많은 관광객에게 순창의 이미지를 각인시키기 위해, '스토리가 있는 음료'라는 독창적인 접근을 시도했다. 강천산 입구에 위치한 국내 최고령 모과나무의 유래와 인근 온천수의 건강 기능성을 결합해, '모과온천수 차' 또는 '강천 스파티'라는 건강음료상품을 기획했다. 이 음료는 관광지 내에서 판매될 뿐 아니라, 순창의 기념품으로도 활용 가능하며, 장기적으로는 순창의 미식관광 브랜드 확산에 기여할 수 있다는 포부가 담겨있었다.

05 딜리셔스 농촌유학 - 맛있는 순창, 재밌는 농촌 유학

인구소멸과 지방소멸 위기에 대응하는 대안으로 '생활인구 유치'를 키워드로 삼았다. 전북교육청이 중점적으로 추진하고 있는 농촌유학사업에 착안하여, 순창을 '음식으로 배우는 유학지'로 만들자는 아이디어를 제시했다. 전통장류 만들기, 로컬푸드 체험, 건강식단 구성 수업 등 '어린이 요리사'를 키우는 창의적 프로그램을 구성했다. 이를 통해 도시 아이들에게는 새로운 체험의 기회를, 순창 지역에는 지속적인 방문과 유대를 만들어낼 수 있는 생활형 관광 모델로 자리매김할 수 있음을 강조했다.

4. 가치 [순창발효관광재단 대표 선윤숙]

이번 순창 발표회는 단순한 과제가 아니라, 지역 문제를 진심으로 고민하는 청년들의 진지한 실험장이었다. 학생들은 한 학기 동안 순창 곳곳을 발로 뛰며 지역을 보고, 듣고, 느꼈다. 자료에서 시작했지만 결국 사람과 땅의 이야기를 담아냈고, 그 속에서 새로운 가능성을 찾아냈다는 점이 특히 인상 깊었다.

무엇보다 발효와 미식이라는 순창만의 자원을 단순히 관광용 볼거리로만 소비하지 않고, 지역의 정체성과 연결해 보려는 시도가 돋보였다. 실현 가능성도 높고, 무엇보다 창의적인 접근이 많았다. 예쁘게 꾸미는 데만 그치지 않고, 어떻게 해야 이 콘텐츠가 지속될 수 있을지, 또 지역과 주민에게 어떤 도움이 될 수 있을지를 진지하게 고민한 흔적이 발표마다 묻어있었다.

지역과 청년이 서로를 파트너로 바라보고 있다는 게 느껴졌다. 발표를 보는 내내 '이 아이디어가 실제 정책으로 이어질 수도 있겠다'는 생각이 들었고, 또 그렇게 돼야 한다는 확신도 들었다. 순창군을 바라보는 청년들의 신선한 시각과 열정이 이토록 구체적인 제안으로 이어졌다는 게 정말 반가웠다. 이들의 고민과 상상이 지역에 새로운 바람을 불어넣는 계기가 되기를, 그리고 오늘의 이 발표가 순창 관광의 다음 장을 여는 출발점이 되기를 진심으로 기대해 본다.

첨부 자료

발표회 자료집

강의 교재

발표회 사진

보도 자료

15장

청년, 완주의 마을관광을 말하다

지역공동체와 관광의 협업 모델을 제시하다

완주군 발표회는 단순한 아이디어 제안을 넘어, 현장을 깊이 이해하려는 학생들의 진지한 태도가 돋보였습니다. 마을을 직접 발로 누비며 주민들의 이야기를 듣고, 관광의 한계와 가능성을 체감한 뒤 현실적인 정책 제안으로 이어간 점이 인상 깊었습니다. 외부 시각이 아닌 지역 내부의 삶과 흐름을 이해하며 대안을 마련하려는 태도, 그리고 실현 가능성을 고려한 구체적인 제안들이 완주군에 꼭 필요한 방향을 제시해주었습니다. 이번 발표를 통해 청년들의 성숙한 시선이 지역관광의 미래를 여는 실질적인 단초가 되기를 기대합니다.

완주문화재단 상임이사 정 철 우

청년이 지역에 새긴 말들 - 17개의 이야기, 17개의 미래

15장. 청년, 완주의 마을관광을 말하다 (2023.12.14)

/

지역공동체와 관광의 협업 모델을 제시하다

1. 동기

전북 완주군은 농촌의 정체성을 간직하면서도 체류형 관광지로서의 잠재력을 지닌 지역이다. 그러나 농촌관광지들이 안고 있는 시설 노후화, 콘텐츠 고정화, 계절 의존성 등의 문제는 여전히 해결 과제로 남아있다. 이런 맥락에서 우석대학교는 '청년, 지역의 미래를 말하다' 프로그램의 일환으로, 농촌관광 활성화를 위한 완주군 대상의 혁신 아이디어 발표회를 기획하였다.

이번 프로젝트는 특히 문화체육관광부가 지원하고 완주문화관광재단이 추진하는 DMO(지역관광추진조직) 사업과 연계되어 더욱 체계적이고 실질적인 지역 연계 모델을 구현했다.

지역이 청년의 창의적 시선을 정책 개발과 현장 개선의 주체로

수용할 때, 청년은 단순 아이디어 제공자를 넘어 지역혁신의 핵심 파트너가 될 수 있다는 철학이 이 발표회의 출발점이었다.

2. 과정

우석대는 본 프로젝트를 위해 여름방학부터 참가자를 모집하고, '관광창업 아이디어 개발 실무'라는 전공 교과목을 개설하여 정규수업으로 운영하였다. 관광창업 전문가와 지역문화 관련 교수들의 강의 아래 학생들은 농촌관광 설계의 기초부터 실전 기획까지 전 과정을 학습했다.

논의 끝에 학생들은 '현재 존재하는 농촌관광마을을 살리는 것이 가장 중요하다'는 데 뜻을 모으고, 완주군 내 3개 마을(구이면 안덕마을, 경천면 경천애인마을, 고산면 창포마을)을 선정하였다. 이후 조별로 마을을 분담하여 현장 답사, 자료 조사, 주민 인터뷰, 아이디어 회의를 거쳐 관광혁신 아이디어를 구체화했다.

3. 내용

각 조가 제안한 아이디어는 완주군의 기존 자산을 보존하며 새롭게 해석한 창의적인 관광상품으로 구성되었으며, 그 내용은 다음과 같다.

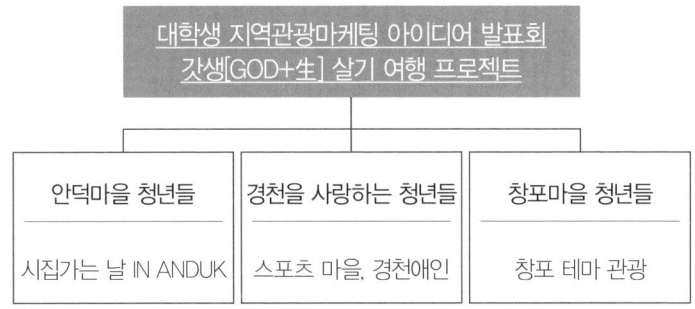

01 안덕마을 청년들 – 시집가는 날 IN ANDUK

안덕마을의 고즈넉한 분위기와 한옥형 황토방, 한의원, 한증막 등 기존 자원을 분석하며 마을의 정체성을 살릴 수 있는 차별화된 콘텐츠가 필요하다고 판단했다. 학생들은 '새로 짓기보다는 있는 것을 살리자'는 방향으로 접근했고, 실버세대의 감성과 향수를 자극하는 '시집가는 날' 프로그램을 고안했다.

이 프로그램은 전통 혼례를 현대적으로 재해석한 '마을 전체가

하객이 되는 축제'로, 실제 마을 어른이 사회를 보고 주민이 신랑·신부 역할을 맡는다. 하객은 한복을 대여받아 행사에 참여하고, 행사 후에는 가족 단위로 황토방에서 숙박하며 한증막도 이용하는 '테마형 힐링 패키지'가 제안되었다. 이는 고령층과 가족 단위 관광객을 겨냥한 정서적 관광상품으로서 가능성을 인정받았다.

02 경천을 사랑하는 청년들 - 스포츠 마을, 경천애인

이미 농촌관광 최우수 등급을 유지하고 있는 경천애인마을의 기존 인프라에 주목했다. 특히 수영장, 숙박시설, 운동장 등을 기반으로 '스포츠와 체험이 융합된 농촌마을'을 만들자는 방향을 제시했다.

대표 아이디어로는 유소년 축구 캠프 참가자들을 위한 영상 기록 서비스를 도입해, 어린이들의 플레이 영상을 저장하고 가족과 공유할 수 있도록 했다. 이는 추억과 감동을 콘텐츠로 전환한 마케팅 전략이었다.

또한 인근 경천저수지를 활용해 수상 어드벤처 코스를 조성하고, 여기에 '진저아이스티'와 '갈비탕' 등 지역 특산물 기반 푸드

콘텐츠를 연계해 입체적 체험을 가능케 하겠다는 계획도 함께 발표되었다. 단순 관광이 아닌 '운동+식사+영상 기념+수상 활동'이 결합된 종합 체류형 프로그램이었다.

03 창포마을 청년들 - 다듬이 소리가 들리는 생태마을

창포마을이 가진 생태자원과 전통경관을 활용해 감성적 힐링 공간의 이미지를 강화하는 데 주력했다.

첫 번째 아이디어는 창포 차와 창포 향수 개발이었다. 기존 창포 비누와 샴푸는 특색이 부족하다는 분석에 따라, 더 대중적이고 감각적인 상품으로 창포를 재해석하자는 접근이었다.

두 번째는 벽화 재구성이다. 현재는 단조로운 벽화가 주를 이루는 가운데, 푸른 창포와 마을 인근에 서식하는 새들을 주제로 한 생태예술 벽화를 확대 제안했다. 이는 마을의 정체성을 시각적으로 표현하는 동시에 관광 포인트로 활용하겠다는 전략이다.

세 번째는 마을의 한옥 창고를 리모델링한 '다듬이 공연 카페' 제안이다. 전통 생활문화를 관광객과 연결하는 공간으로, 정기적으로 다듬이 공연이 열리는 감성형 로컬 카페를 운영하자는 구상이다. 이는 '일상 속 전통문화'를 경험할 수 있는 체류형 관광 자원으로 기대를 모았다.

4. 가치 [완주문화재단 상임이사 정철우]

완주군 곳곳을 학생들이 직접 걸어 다니며 준비한 이번 발표회는, 그저 아이디어를 내는 데 그치지 않고 진짜 현장을 이해하려는 노력이 담겨있었다. 학생들은 마을 주민들의 이야기를 듣고, 지금의 관광이 가진 한계와 가능성을 몸으로 체감하면서 아이디어를 구체화시켜 나갔다. 그런 과정들이 발표마다 녹아있었고, 발표를 듣는 내내 '이건 그냥 공부가 아니라 진짜 정책 실험이구나.' 하는 생각이 들었다.

특히 인상적이었던 건, 지역을 외부인의 시선으로 소비하려는 것이 아니라, 지역 안으로 들어가 그들의 삶과 리듬을 함께 느끼며 대안을 만들고자 했다는 점이다. 각 팀의 발표에는 완주군이라는 지역을 애정 어린 시선으로 설계해 보려는 고민이 고스란히 담겨있었다.

무엇보다 반가웠던 건, 그 아이디어들이 허무맹랑한 구상이 아니라, 실현 가능하고 실행 단계를 염두에 둔 제안이었다는 점이다. 현장에서 바로 적용할 수 있을 만큼 구체적이었고, 지금의 완주 관광에 꼭 필요한 제안이기도 했다.

이제 남은 건, 이 아이디어들이 단지 발표에서 끝나는 것이 아니라 실제로 지역과 연결되는 것이다. 이번 발표회를 통해 청년들이 완주를 바라보는 방식이 얼마나 성숙하고 진지한지를 다시금 느낄 수 있었고, 이 작은 발표가 완주 관광의 미래에 작지만 단단한 방향 하나를 제시해 준 것 같아 오래 기억에 남을 것 같다.

첨부 자료

발표회 자료집 　　　　　　강의 교재

프로젝트 포스터 　　　　　　보도 자료

16장

청년, 고창의 미래를 말하다

세계유산과 함께 걷는 청년의 아이디어

고창 발표회는 지역대학, 문화재단, 공공기관, 청년이 한 팀이 되어 지역관광의 미래를 모색한 뜻깊은 자리였습니다. 관광학과 학생과 성인 학습자가 함께 팀을 이루어 다양한 시각으로 고창을 해석한 점이 인상 깊었고, 세대와 경험의 차이를 넘어선 협업이 교육 그 이상의 의미를 보여주었습니다. 발표된 아이디어들은 고창의 자원을 단순한 소비가 아닌 창의적 콘텐츠로 재구성할 가능성을 보여주었으며, 역사와 사람의 이야기를 중심으로 관광을 재정의하려는 시도가 돋보였습니다. 10년 넘게 지속된 프로그램의 축적된 성과 덕분에 이번 발표회가 더욱 깊이 있었으며, 청년들의 상상이 고창의 미래를 바꿀 수 있으리란 믿음을 갖게 했습니다.

前 고창문화관광재단 상임이사 안 종 선

청년이 지역에 새긴 말들 – 17개의 이야기, 17개의 미래

16장. 청년, 고창의 미래를 말하다 (2024.05.21)

/

"세계유산과 함께 걷는 청년의 아이디어"

1. 동기

고창군은 세계문화유산을 보유하고 있으며, 해양경관·갯벌·복분자·건강자원 등 풍부한 관광자산을 지닌 지역이다. 그럼에도 불구하고 고창의 관광은 계절 편중, 체류형 콘텐츠 부족, 젊은층 접근성 한계 등의 구조적 과제를 안고 있다.

이에 우석대학교는 '청년, 지역의 미래를 말하다' 프로그램 16회차를 통해 고창군을 집중 탐구하여 청년 세대의 시선으로 관광자원을 재해석하고 새로운 관광 트렌드에 맞는 콘텐츠를 제안하고자 했다.

특히, 이번 발표회는 교육부가 주관하는 'LiFE 2.0 고등평생교육 지원사업'의 일환으로, 관광학과 학부생과 성인 학습자가

함께 참여했다는 점에서 '세대 융합'과 '실천형 학습'이라는 이중적 의미를 갖는다. 지역이 청년과 평생학습자를 관광정책 주체로 끌어들이는 새로운 협업 모델로 평가받고 있다.

2. 과정

한 학기 동안 학생들은 고창군 전역의 관광자원을 조사하며, 상하농원, 구시포 해변, 갯벌 생태, 복분자 산업, 건강·운동 콘텐츠 등 다양한 자원과 연계 가능한 관광 아이디어를 탐색했다. 지역 현장 답사, 전문가 특강, 멘토링, 팀별 브레인스토밍 등을 통해 고창의 문제점과 가능성을 진단하고, 이를 구체적인 관광 콘텐츠로 변환해 발표회에서 제안했다.

이번 프로젝트에는 총 8개 팀이 참여했으며, 각 팀은 하나의 핵심 키워드를 중심으로 MZ세대, 가족 단위 관광객, 웰니스 지향 소비자 등 다양한 타깃층을 고려한 창의적인 관광 전략을 발표했다.

3. 내용

발표된 8개 팀의 아이디어는 고창의 자연, 문화, 식품, 야간 관광, 건강자원을 관광 콘텐츠로 재가공한 기획들이었다. 각 팀은 아이디어의 실행 가능성을 위해 행사 운영 예산, 협력기관, 콘텐츠 구성, 타깃 마케팅 전략까지 구체화했으며, 단순 아이디어 차원을 넘는 실제 정책 제안 수준의 기획을 선보였다. 발표 내용은 다음과 같다.

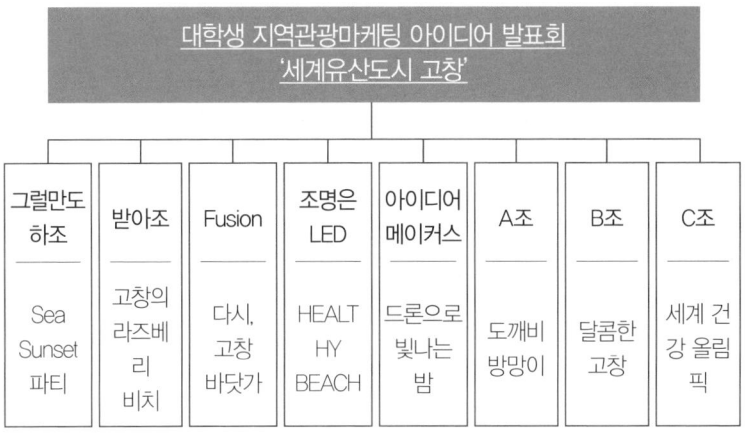

01 그럴만도하조 - Sea Sunset 파티

서해안의 갯벌과 노을을 감성 콘텐츠로 바꾼 체험형 축제이다.

낮에는 조개잡이 체험과 갯벌 레이스, 밤에는 로컬 밴드 공연과 음식 부스를 운영하여 '먹고 놀고 찍는' 즐길 거리를 제공한다. SNS에 최적화된 프로그램 구성으로 2030 관광객의 유입을 기대할 수 있다.

02 받아조받아조 - 고창의 라즈베리 비치

구시포 해수욕장과 고창의 대표 특산물 복분자를 결합한 '라즈베리 감성 해변' 콘셉트의 발표였다. 복분자 칵테일과 베리 스무디를 제공하는 해변 라운지, 파라솔 아래 포토존 설치, 복분자 화장품 샘플링까지 함께 기획되어 '체험+쉼+소비'가 동시에 가능한 복합 해양관광 콘텐츠로 제시되었다.

03 Fusion - 다시, 고창 바닷가

바다를 소재로 한 추억 회복 프로젝트를 발표했다. 군더더기 없는 조용한 바닷가에서 소박한 어촌문화와 캠핑을 결합한 감성 콘텐츠를 제시했다. 지역 어르신이 운영하는 '바다 이야기 듣기',

'갯벌에서 소라 삶기' 등 로컬 체험을 관광상품으로 탈바꿈시켜 느림과 쉼을 제공하는 것이 핵심이다.

04 조명은 LED – HEALTHY BEACH

'건강'을 키워드로 고창 해변을 새로운 GYM 공간으로 재해석. 아침 요가 클래스, 황토 마사지, 복분자 스무디를 곁들인 건강식 런치 패키지 등을 제안했다. 관광객은 바다를 배경으로 가볍게 운동하고 웰니스 음식을 즐기며 하루를 마무리할 수 있다. 이국적인 분위기의 복합형 비치 스팟이라는 기획력에서 높은 평가를 받아 창조상을 수상했다.

05 아이디어 메이커스 – 드론으로 빛나는 밤

고창의 밤을 관광자원으로 탈바꿈시키는 아이디어를 주제로 발표하였다. 드론 라이트 쇼와 드론 촬영 대행 서비스를 통해 체류형 야간 관광 콘텐츠를 제시했다. 예를 들어 복분자밭 위로 드론이 그리는 불빛 쇼, 고창읍성 야경을 드론으로 담는 '고창 드론 사진관' 등 기술과 감성을 결합한 새로운 시도로 평가받았다.

06 A조 - 도깨비방망이

복분자 젤리를 활용한 지역 대표 간식 브랜딩을 선보였다. 고창의 도깨비 설화를 바탕으로 복분자 젤리를 '도깨비방망이 모양'으로 제작, 어린이 관광객과 가족 단위 관광객을 타깃으로 한 기념 간식으로 기획되었다. 제품 패키징부터 이야기 전달 방식까지 지역성과 재미를 함께 담았다.

07 B조 - 달콤한 고창

선사유적 고인돌을 모티브로 개발한 '고인돌 젤라또'는 계절에 맞춘 지역 특산물과 접목해 사계절 관광 간식으로 발전 가능성을 보여줬다. 여름에는 복분자, 가을에는 해풍 고구마, 겨울에는 단호박 등을 활용하여 계절별 맛을 달리해 재방문 유인을 만든다. 감각적인 네이밍과 지역유산을 연결한 기획으로 혁신상을 수상했다.

08 C조 - 세계 건강 올림픽

고창을 무대로 한 '건강테마 복합축제'. 복분자, 갯벌, 온천 등 고창의 건강자원을 활용해 '복분자 푸쉬업 대회', '웰니스 릴레이 체험', '힐링 음식 올림픽' 등 이색적인 프로그램을 포함한 대형 지역 축제를 구상했다. 전통적인 건강 개념을 현대적 콘텐츠로 재구성한 이 제안은 중장기적으로 지역의 대표 관광 행사로 성장할 가능성을 품고 있다.

4. 가치 [고창문화관광재단 상임이사 안종선]

고창에서 열린 이번 발표회는 단순한 청년들의 아이디어 나눔을 넘어서, 지역대학과 문화재단, 공공기관, 그리고 청년이 진짜 한 팀이 되어 지역관광의 미래를 함께 그려본 의미 있는 자리였다. 현장을 직접 다녀온 입장에서 말하자면, 그곳은 그저 발표장이 아니라 작은 정책 실험실 같았다.

무엇보다도 인상 깊었던 건, 다양한 연령과 배경을 가진 학생들이 함께 팀을 이뤄 지역을 바라본 방식이었다. 관광학과 학생들과 성인 학습자들이 서로의 시선을 나누면서, 고창이라는 도시를 훨씬 더 입체적으로 해석해 낸 모습이 참 인상 깊었다. 나이도, 경험도 다른 이들이 같은 문제를 함께 고민하는 과정 자체가 교육 그 이상의 의미를 지닌다고 느꼈다.

발표된 아이디어들을 하나하나 들으면서 고창이 가진 관광자원이 더 이상 보여주기식 소비로 머물 필요가 없겠구나, 창의적으로 재구성할 수 있는 여지가 많다는 생각이 들었다. 단순히 예쁜 풍경만이 아니라, 그 안의 역사와 문화, 그리고 사람들이 지닌 이야기가 관광이 될 수 있다는 걸 청년들이 직접 증명해 줬다.

이번 발표회가 끝나고도 마음에 오래 남는 건, 이 행사가 단발성 이벤트가 아니라는 점이었다. 이미 10년 넘게 이어져 온 이 프로그램의 축적된 경험이 있었기에, 고창이라는 세계유산도시의 다음 단계를 함께 설계해 볼 수 있었던 것 아닐까. 젊은 시선이 만들어낸 이 상상들이, 언젠가는 고창의 실제 풍경을 바꾸게 될 거란 믿음이 생겼다.

첨부 자료

발표회 자료집

강의 교재

발표회 사진

보도 자료

17장

청년, 명창 권삼득의 가치를 말하다

한 명창의 소리가 지역 브랜드가 되다

권삼득을 지역문화와 관광자원으로 재해석한 이번 발표회는, 역사 인물을 현재의 감성으로 되살리려는 학생들의 진지한 시도가 인상 깊었습니다. 기념물이 아닌 소리, 공간, 음식, 체험 등을 통해 권삼득의 정신을 표현한 기획은 관광의 본질을 다시 생각하게 했고, 젊은 세대의 참신한 접근이 자랑스럽게 느껴졌습니다. 문화유산이 과거에 머무르지 않고 오늘의 경제와 내일의 관광으로 이어질 수 있다는 가능성을 확인했으며, 학생들의 제안은 실천력을 갖춘 진정성 있는 기획으로 완주에 대한 깊은 이해가 담겨있었습니다.

한국관광공사 전북지사장 오 충 섭

청년이 지역에 새긴 말들 - 17개의 이야기, 17개의 미래

17장. 청년, 명창 권삼득의 가치를 말하다 (2024.11.25)

/

한 명창의 소리가 지역 브랜드가 되다

1. 동기

완주군은 전북의 중심에 위치하며 농촌관광과 힐링 인프라가 잘 갖춰진 지역이지만, 명확한 지역 고유 콘텐츠가 부족하다는 평가를 받아왔다. 이에 우석대학교는 조선 시대 최고의 국창으로 평가받는 '권삼득'을 지역 대표 문화브랜드로 부각시키기 위한 관광 활성화 아이디어를 주제로, 청년들이 참여하는 혁신 아이디어 발표회를 기획하였다.

이번 발표회는 단순한 관광 콘텐츠 제안이 아니라, 권삼득이라는 인물의 삶과 예술을 현대적 감각으로 재해석하여 완주군의 정체성과 관광 콘텐츠를 동시에 강화하고자 하는 목적을 담고 있었다. 나아가 청년과 지역이 함께 문화를 기획하고 계승하

는 모델로 발전시키려는 의미 있는 시도였다.

2. 과정

 발표에 앞서 학생들은 한 학기 동안 '비가비 명창 권삼득'에 대한 자료조사와 현장답사를 진행했다. 권삼득 생가, 유적지, 관련 문화자산들을 직접 탐방하고, 소리꾼과의 인터뷰, 지역 문화관광 전문가의 특강과 멘토링을 병행하며 권삼득의 삶과 음악이 지역과 어떻게 연결될 수 있는지를 다각도로 탐구했다.

 성인 학습자와 관광학과 학생들이 함께 팀을 구성해 각기 다른 방식으로 권삼득의 유산을 재해석하고, 이를 관광자원으로 어떻게 활용할지를 고민하며 아이디어를 발전시켰다. 문화콘텐츠, 공간 활용, 음식, 체험 프로그램 등 다양한 접근 방식이 제안되었으며, 현실적 실현 가능성과 지역성과의 접점을 고려한 점이 특징이었다.

3. 내용

총 6개 팀은 권삼득 명창의 예술과 스토리를 기반으로 다음과 같은 아이디어를 제시했다. 각 아이디어는 관광 수요 창출뿐 아니라, 완주군이 가진 문화자산을 현대적으로 재해석하고 콘텐츠화한 점에서 높은 평가를 받았다. 실행 단계까지 고려한 구체적 방안과 완주군의 자연·문화와의 접목이 자연스럽게 이뤄져 실현 가능성 또한 주목받았다. 발표 내용은 다음과 같다.

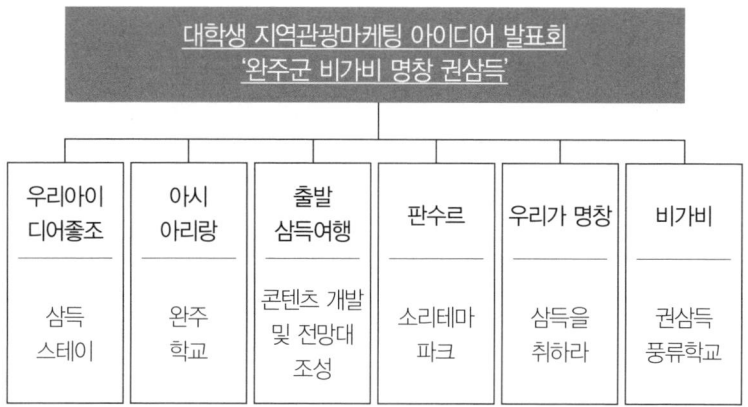

01 우리아이디어좋조 – 삼득스테이

권삼득 생가와 주변 공간을 활용해 전통과 현대가 공존하는 체류형 관광지로 재구성. 고택 숙박, 소리 명상, 아침 소리 체조 등 일상 속에서 전통을 체험하는 '소리 힐링 숙박 콘텐츠'를 기획했다. 도시 관광객들이 머물며 쉬고, 소리를 경험할 수 있는 완주형 한옥스테이 모델로 평가받았다.

02 아시아리랑 - 완주 학교

권삼득의 삶의 여정을 따라가는 '권삼득 투어 프로그램'. 생가, 공연장, 전통시장, 관련 유적지를 연결하는 순환형 관광코스를 구성하고, 디지털 가이드(AR 앱)를 활용해 권삼득의 삶을 이야기로 만나는 체험형 관광 콘텐츠로 기획. 관광뿐 아니라 교육적 의미도 포함되어 있어 청소년 대상 프로그램으로도 확장 가능성이 제시되었다.

03 출발 삼득여행 - 콘텐츠 개발 및 전망대 조성

권삼득을 기념하는 상징적 전망대 조성을 포함해, '권삼득 명창 체험존'을 제안. 전망대에는 국악이 흐르는 휴식 공간과 함께 권삼득 일대기를 영상으로 감상할 수 있는 미디어 월, 권삼득 음악을 들으며 산책할 수 있는 소리 산책로도 포함되었다. 음악과 풍경, 휴식이 어우러지는 복합문화 공간으로 설계되었다.

04 판수르 - 소리테마파크

완주군의 자연 속에 '국악과 체험'을 테마로 한 복합형 문화관광지 조성 제안. 판소리 VR 체험관, 권삼득 창법 따라 하기 게임존, 국악기 만들기 워크숍 등 다양한 감각적 체험이 가능하며, 연극무대와 국악 공연장이 결합된 '소리광장'이 주요 콘텐츠. 권삼득의 정서를 디지털화한 새로운 전통문화 체험 모델로 창조상을 수상하였다.

05 우리가 명창 - 삼득을 취하라

완주 지역의 특산물과 권삼득의 서민적 이미지, 스토리텔링을 결합한 '권삼득 먹거리 콘텐츠'. 대표적으로 '삼득 덜렁주'라는 전통주와 '권삼득 밥상'이라는 향토 음식 한상차림을 기획해 '스토리가 있는 식사 경험'을 강조. 지역 식자재와 권삼득의 유쾌한 성격을 결합해 MZ세대 타깃의 푸드 콘텐츠로 방향을 잡았다.

06 비가비 – 권삼득 풍류학교

국악을 직접 배워보고 공연까지 해보는 교육형 체험 콘텐츠. 청소년과 관광객을 위한 일일 국악 클래스, 장단 배우기, 소리 내기, 창극 공연 워크숍 등으로 구성. 명창의 예술 세계를 '배움과 놀이'를 통해 전수하는 모델로, 지역 전통예술 교육의 거점 역할까지 기대할 수 있는 기획이었다.

4. 가치 [한국관광공사 전북지사장 오충섭]

조선 최고의 소리꾼 권삼득, 그 이름을 지역문화와 관광으로 다시 이어보려는 시도가 이렇게 진지하고 생생할 줄은 솔직히 몰랐다. 발표회를 들으면서 느낀 건, 학생들이 권삼득이라는 인물을 단지 역사 속 인물로 보는 게 아니라, 지금 이 시대의 언어와 감성으로 다시 불러내고 있다는 점이었다.

발표장에 앉아 학생들의 이야기를 들을수록, '이게 진짜 관광이구나.' 싶은 생각이 들었다. 기념비나 안내판을 세우는 게 아니라, 권삼득의 정신을 소리로, 공간으로, 음식과 체험으로 풀어내고 있었으니까. 그런 기획을 젊은 세대가 하고 있다는 사실이 자랑스럽기도 하고, 뭔가 마음이 따뜻해지기도 했다.

이번 발표회를 통해 문화유산은 더 이상 과거에만 머무는 것이 아니라, 오늘의 지역경제와 연결되고, 내일의 관광으로 이어질 수 있다는 가능성을 확인할 수 있었다. 학생들의 기획은 단순한 제안이 아니라 실천력이 담긴 제안서였고, 그 안에는 완주를 진심으로 이해하려는 시선과 고민이 담겨있었다.

첨부 자료

발표회 자료집

강의 교재

발표회 사진

보도 자료

부록

기억될 실험, 이어질 미래

청년, 완주 로컬푸드의 미래를 말하다

한국 농업정책 대표 브랜드, 완주 로컬푸드 2.0 미래 전략

'청년, 지역의 미래를 말하다' 프로젝트가 이번 18회차를 맞아 처음으로 1년형 심화 프로그램으로 확장되어 진행된다는 소식을 매우 뜻깊게 생각합니다. 청년들이 완주 로컬푸드의 미래를 주제로 정책적 대안을 직접 설계하고 있다는 점은, 지역이 청년과 함께 성장하고 있다는 증거이자 우리 모두에게 큰 희망입니다. 이번 프로젝트는 단순한 아이디어 발표를 넘어, 정책의 완성도를 높이고, 실제 적용 가능성을 고민하는 진지한 실험입니다. 협동조합의 입장에서도 매우 기대가 크며, 청년들의 시선과 상상력이 완주의 로컬푸드 운동에 새로운 활력을 불어넣을 것이라 확신합니다. 완주로컬푸드협동조합은 이번 프로젝트에 함께하며, 이 길이 청년과 지역이 함께 만들어가는 지속가능한 식탁의 미래가 되기를 진심으로 응원합니다.

완주로컬푸드협동조합 이사장 권 승 환

> 기억될 실험, 이어질 미래
> **7장. 청년, 완주 로컬푸드의 미래를 말하다(진행 중)**
> /
> 한국 농업정책 대표 브랜드, 완주 로컬푸드 2.0 미래 전략

1. 동 기

'청년, 지역의 미래를 말하다' 프로젝트는 지난 13년간 지역 청년과 성인 학습자들이 함께 지역의 문제를 발굴하고, 창의적인 해결책을 제안해 온 살아있는 정책 실험장이자 교육 모델이다. 이러한 축적된 경험을 바탕으로 18회차에 해당하는 이번 프로젝트는 보다 학술적이고 구조적인 정책 대안을 제시하기 위한 전환점으로 기획되었다.

완주는 대한민국 로컬푸드 1세대의 대표 성공 사례로 꼽히지만, 유통 환경의 급격한 변화, 디지털 기술의 확산, 청년 농업인의 감소 등 새로운 정책적 도전에 직면하고 있다. 이에 따라 이번 프로젝트는 기존의 단기 발표회 형식을 넘어, 정책적 완성도

와 실현 가능성을 갖춘 대안을 제안하는 '1년형 심화 프로젝트'로 운영되고 있다.

단순한 문제 제기를 넘어서, 지역의 정책 주체들과 함께 실제 제도와 사업에 반영 가능한 전략을 설계하고 이를 실천적으로 제안하는 것이 이번 18회차의 궁극적 목표이며, 이는 '청년, 지역의 미래를 말하다' 프로젝트가 교육과 정책을 연결하는 공공정책 플랫폼으로 도약하고 있음을 보여주는 상징적 사례다.

2. 과정

2025년 상반기 현재, 참여 학생들은 '전북의 이해', '6차 산업과 로컬푸드', '디지털관광과 1인 미디어', '관광드론전략론' 등 지역문제와 디지털 산업환경을 아우르는 다양한 기초 과목을 이수하고 있다. 동시에 완주군 로컬푸드 직매장과 대표 관광지인 책 박물관, 아원 등을 직접 탐방하며 지역의 실태와 정책 환경을 입체적으로 이해하고 있다. 또한 장수 사과와 장수 한우, 새만금 식품 허브, AI 관광미디어 전략, 새로운 지역 마케팅 등 다양한 현안에 대한 전문가 특강을 '현장 전문 교수제' 형태로 정기적으로 수강하고 있으며, 이를 통해 청년들의 시선이 실제 정책 기획의 논리와 구조에 닿을 수 있도록 깊이 있는 통찰을 얻고 있다. 아직 정책 기획안 작성 단계에 이르지는 않았지만, 현재의 학습과 탐방은 하반기 전략 수립을 위한 중요한 기반이 되고 있다. 학생들은 팀별로 주제를 정리하고 자료를 분석하며 정책 아이디어를 구체화해 나가고 있으며, 방학 중에는 동아리 활동 등을 통해 아이디어를 정밀화하고, 2학기에는 정책 실행 가능성에 대한 다양한 검증을 받을 예정이다. 특히 이번 18회차 프로젝트는 그 어느 때보다 견고한 민·관·학 협력 네트워크 속에서 추진되고 있다. 한국사회적기업학회는 정책 자문과 기획을, 완주로컬푸드협동조합은 현장의 문제 제기를, 한국종합경제연구원은 정책 분석과 도구를, 완주군청은 행정과 정책의 실질적 연계를 맡고 있다. 이 같은 유기적인 협업은 '청년, 지역의 미래를 말하다'가 단순한 교육을 넘어 지역의 공공정책 실험장으로 진화하고 있음을 의미한다.

3. 내용

이번 프로젝트의 중심은 완주 로컬푸드 시스템의 미래를 재구성하는 데 있다. 학생들은 현재 완주의 로컬푸드 구조를 다각도로 분석하고 있으며, 이를 바탕으로 보다 지속가능하고 혁신적인 '로컬푸드 2.0' 모델을 설계하고자 한다.

우선, 로컬푸드를 식품 정의, 생태 전환, 먹거리 복지 등과 연결하여 완주형 식문화로 재정의하는 '지속가능한 식탁 전략'을 제시하고 있다. 또한 종자, 식재료, 가공기술 등을 융합해 청년 연구자와 주민이 함께 참여할 수 있는 실험형 R&D 플랫폼 구축도 검토되고 있다.

생산부터 소비까지 전 과정을 디지털화한 통합 플랫폼 구축도 중요한 전략으로 다뤄지고 있으며, AI 기반 수요 예측, 식단 추천, 조합원 관리 등을 통해 '디지털 로컬푸드'의 가능성을 탐색하고 있다. 조합 구조의 고령화에 대응해 청년 참여를 확대하고, 일시조합, 기능조합 등 새로운 형태의 유연한 조직 모델도 논의 중이다.

완주 로컬푸드를 브랜드화하는 전략 역시 중요한 축이다. '로컬이 진짜다'라는 슬로건을 바탕으로 인증제 도입, 글로벌 캠페인, 대표 채소 브랜드 발굴 등 완주만의 정체성과 신뢰를 담은 브랜딩 전략이 전개되고 있다. 로컬푸드 매장을 마켓, 체험, 레스토랑, 문화공간이 융합된 복합 플랫폼으로 전환하고자 하는 아이디어도 활발히 논의되고 있으며, 청년 주도의 '팝업랩', '클래스룸' 모델이 구체화되고 있다.

마지막으로, 완주의 로컬푸드와 사회적 농업을 결합한 국제 행사 유치를 통해 세계적 농업혁신 도시로 자리매김하고자 하는 '글로벌 홍보 전략'도 포함되어 있다. 이 모든 전략은 향후 전문가 자문과 심화학습을 거쳐 정책 보고서와 발표 자료로 발전될 예정이며, 최종 결과는 2025년 11월 한국사회적기업학회, 완주군, 완주로컬푸드협동조합이 공동 주최하는 학술대회 형식의 정책 포럼에서 발표될 계획이다.

4. 가치 [완주로컬푸드협동조합 이사장 권승환]

- 청년의 정책 실험, 이제 실현을 향해 나아갑니다

'청년, 지역의 미래를 말하다' 프로젝트는 지난 13년간 청년과 지역이 함께 고민하고, 함께 길을 내어온 값진 여정이었습니다. 실험과 제안이 반복되던 과정은 이제, 실제 정책을 설계하고 실현 가능한 해법을 만들어내는 수준으로 진화하고 있습니다. 18회차를 맞아 처음으로 1년 단위 심화 프로그램으로 진행되는 이번 프로젝트는, 완주 로컬푸드의 미래를 청년의 손으로 다시 설계해 보는 뜻깊은 시도입니다.

청년들은 지금, 지속가능한 식문화와 디지털 농업, 조합의 세대 통합, 브랜드 전략, 글로벌 확산 등 다양한 영역에서 완주의 미래를 구상하고 있습니다. 이는 단지 아이디어에 머무르지 않고, 정책으로 연결될 수 있는 실질적 가능성을 담고 있다는 점에서 더욱 주목할 만합니다.

정책은 늘 질문에서 시작됩니다. 그리고 그 질문을 얼마나 깊이 던질 수 있느냐가 변화의 시작을 좌우합니다. 지금 이 프로젝트에 함께하는 청년들, 그리고 이들을 응원하고 있는 지역사회 모두가 새로운 시대의 물음을 품고 있다는 사실만으로도 이 실험은 이미 의미 있는 성취입니다.

우리는 이제, 정책이 책상이 아닌 삶의 현장에서 출발해야 한다는 믿음 속에 있습니다. 이 길 끝에서 우리가 마주할 완주의 미래는 지금보다 더 따뜻하고 지속가능할 것이며, 그 중심에 오늘의 청년들이 있을 것입니다.

청년들의 열정과 상상력이 완주의 식탁을 바꾸고, 지역의 미래를 열어가는 힘이 되기를 진심으로 응원합니다.

첨부 자료

강의 교재 1

강의 교재 2

수업 자료

보도 자료

중국 청년정책 벤치마킹 사례

지역을 넘어 세계를 향하는 교육

우리 지역의 청년들이 지역의 미래를 걱정하며, 꾸준히 의견을 제시하는 프로그램이 바로 지난 13년 동안 우리 전북에서 계속되었다는 사실은, 놀라운 일입니다. 그리고 그러한 전북의 프로그램이 이미 이웃 국가에 전파되어 시작되었다는 사실, 또한 놀라운 일입니다. 그리고 그 프로젝트에 참여한 학생들이 저자가 되어 지도교수와 함께 책을 낸다는 사실, 또한 놀라운 일입니다. 저는 이렇게 놀라운 전북 청년들의 도전 프로그램 '청년, 지역의 미래를 말하다'에 많은 세계의 젊은이들이 함께할 수 있도록 돕겠습니다.

前 전북특별자치도 국제협력진흥원장 김 대 식

기억될 실험, 이어질 미래

2장. 중국 청년정책 벤치마킹 사례 (2022. 06. 22.)

/

지역을 넘어 세계를 향하는 교육

1. 개 요

지난 2022년 6월 22일, 장춘사범대학 인문지리과는 지린성 관광협회와 함께 '장춘연화산야 럭셔리 캠핑장 기획 경진 대회'를 개최했다. 이 대회에는 장춘사범대학 인문지리학과 학부생과 석사과정 대학원생이 참여했다. 인문지리와 도농계획을 전공하는 학생들의 전문능력과 창의력을 향상한다는 목표 아래 진행되었다. 심사위원으로는 지린성 관광협회 수석전문가 주용, 연화산실업그룹 회장, 관광운영전문가 자오펑후이, 지린성 관광기획디자인연구원 디자인총괄 이혜니, 한국지역혁신학회 서기장 쉬신옌, 장춘사범대학 지리과학대학 학장 둥핑화, 장충사범대학 지리과학대학 주임교수 쉬샤오링이 참석하였다.

경진대회에는 총 5개 팀이 참가하여 '장춘연화산 럭셔리 캠핑장 기획'을 위한 다양한 아이디어를 내놓았다.

장춘사범대학교_청년, 지역의 미래를 말하다 2022. 06. 22.

2. 내용

첫 번째 팀의 주제는 가족관광객을 대상으로 '캠핑장 놀이 프로그램에 대한 아이디어' 제안이다. 연화산의 자원 조사를 마친 후, 가족관광객 놀이 프로그램의 성공 사례를 연구했다. 그 결과 유사 사례, 지역 맞춤형 프로그램 구상, 위치 결정에 관한 내용을 발표했다.

두 번째 팀의 주제는 캠핑장의 교통에 대한 아이디어로 '연화산이 가지고 있는 3대 기능구역 설정'에 관한 제안이다. 3개의 공간으로 나누어 기능을 구분하고, 어떤 시설이 어디에 들어가는 것이 적합한지 시설배치 지도를 고안했다. 최종적으로는 캠프 투자 가치 분석을 발표하고, 마케팅 방안도 소개했다.

세 번째 팀의 주제는 '캠핑장 서비스 시설에 대한 마스터 플랜'이다. 연화산의 입지 조건을 분석하고, 정부정책의 이점 활용 방안을 내놓았다. 위치 적합성 분석을 통해 서비스 시설의 규모를 확정하고, 캠핑장 설계도 등을 완성하면서 종합적인 마스터 플랜을 제시했다.

네 번째 팀의 주제는 '캠핑장 조성사업과 조성 이후 활용 방안'이다. 연화산의 지리적인 특성이 반영된 사업인가를 점검하기 위해 사업 타당성 및 가능성을 제시하고, 이후 활용 방안을 제시하기 위한 작업으로 캠핑시장의 잠재능력을 분석했다. 유사 성공 사례를 활용한 정밀한 계획 수립을 시도했다. 특히 캠핑장 활성화 방안으로 친목 도모 프로그램과 장터마을 등 사람 간의 관계를 중시하는 프로그램도 소개했다.

다섯 번째 팀의 주제는 '캠핑장 기능시설 확충 방안'이다. 연화산 접근성 개선, 캠핑장 지리적 환경 개선 등을 포함하고 있다. 지리환경을 기반으로 캠핑장의 위치 적절성을 검토하고, 캠핑장 규모 및 성공사례를 분석하여 문제에 접근했다. 그 결과, 연화산 캠핑장 조성을 위한 청중단을 모집하여 적절한 위치를 선정하고 캠핑장 기능시설을 확충하자는 아이디어를 제시했다.

중국에서 열린 '청년, 지역의 미래를 말하다' 발표회는 성공적으로 이루어졌다. 각 팀은 실현 가능성과 독창성에 집중한 아이디어를 선보였으며, 심사위원으로부터 긍정적인 평가를 받았다.

3. 가치 [장춘사범대학교 인문지리학과 교수 풍지백]

나는 한국에 유학하면서 우석대학교의 '청년, 지역의 미래를 말하다' 프로젝트에 여러 차례 참여했다. 중국에 돌아가면 비슷한 프로젝트를 진행해 보리라 다짐했다. 이번 경진대회는 그때의 결심을 실천에 옮긴 것이다. 한국에서 배운 시스템을 수업에 적용했다. 이 대회에서 장춘사범대학교 인문지리과 학생들은 이론이 아니라 현장에 적용할 각자의 아이디어를 생성하고 발표하는 능력을 선보였다. 관련 전문가들과의 교류를 통해 현장에서 필요로 하는 설계 능력과 기획력을 키울 수 있었다. 또 도시와 농촌 공간의 이해를 통해 새로운 시각을 갖게 되었으며 접근법도 학습할 수 있었다.

참여한 학생들의 반응이 뜨거웠다. 모두 색다른 경험을 쌓는 기회였고, 의미 있는 시간이었다고 소감을 밝혔다. 나는 학생을 가르치는 교수로서 뿌듯함을 느꼈다. 학생들의 생각이 한낱 아이디어에 그치지 않고 실제 활용될 수 있다는 기대를 하게 되었다. 발표회 내용이 즉각 실현될 수 있도록 조금 더 다듬어야겠다는 생각도 했다. 보통의 학생은 이런 단계를 직접 경험하지 못한다. 이번 기회를 통해 학생들이 더욱 성장하기를 바란다.

3장

아까운 디자인, 아까운 캐릭터

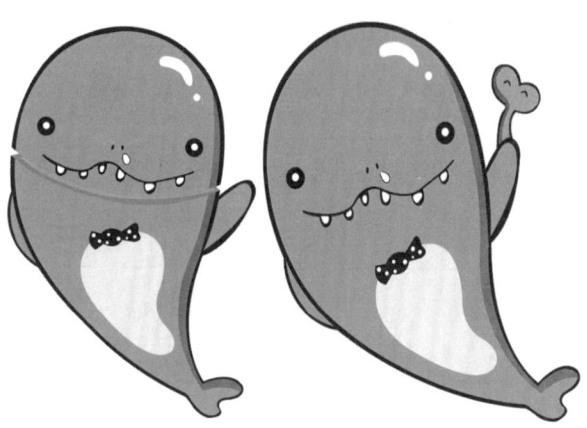

상쾡이 캐릭터[이미지1]

기억될 실험, 이어질 미래

3장. 아까운 디자인, 아까운 캐릭터

/

1. 새만금 캐릭터 그리고 디자인

디자인 도움 주신 분: 김준우

상쾡이 캐릭터[이미지2]

상쾡이 캐릭터
[텀블러 시안1]

상쾡이 캐릭터
[텀블러 시안2]

상쾡이 캐릭터
[텀블러 시안3]

상쾡이 캐릭터
[USB 시안]

2. 진안군 물레방앗간 디자인

디자인 도움 주신 분: 방호연

진안군 백운면 물레방앗간

진안 물레방앗간 공간 조성 1

물레방앗간을 개조한 카페 조성(3D)

진안 물레방앗간 공간 조성 2

3. 임실치즈 캐릭터 그리고 디자인

디자인 도움 주신 분: 민제홍

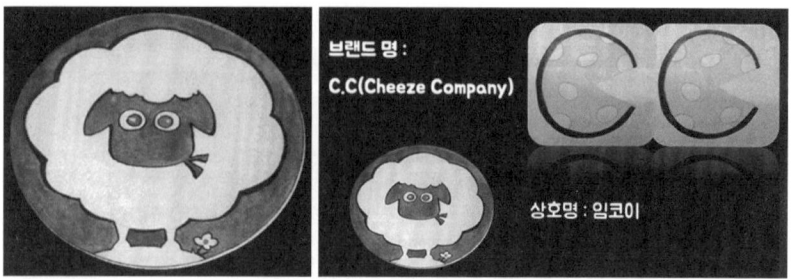

임실 치즈 캐릭터 '임코이'

임실 치즈 캐릭터 '웰치스'

FoodBus *Design*

앞면

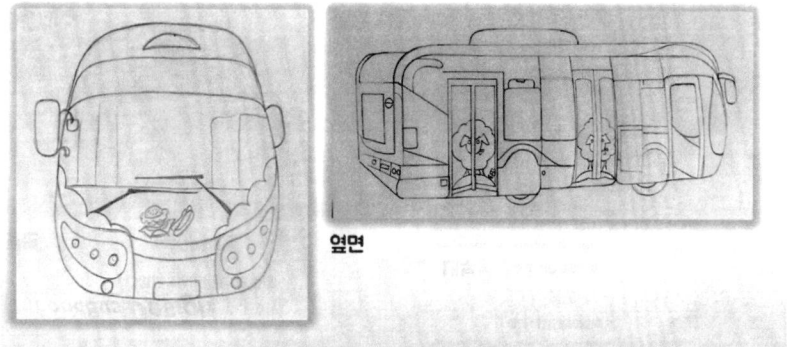

임실 치즈 푸드 버스 계획 1

FoodBus *Design*

뒷편

내부

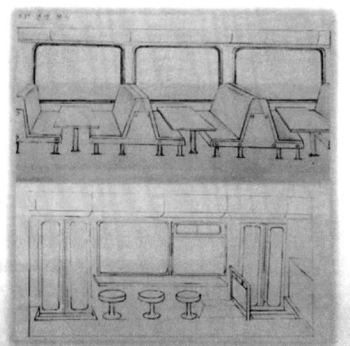

임실 치즈 푸드 버스 계획 2

＃ 웰. 치. 스 기념품 개발
2. 기념품 개발

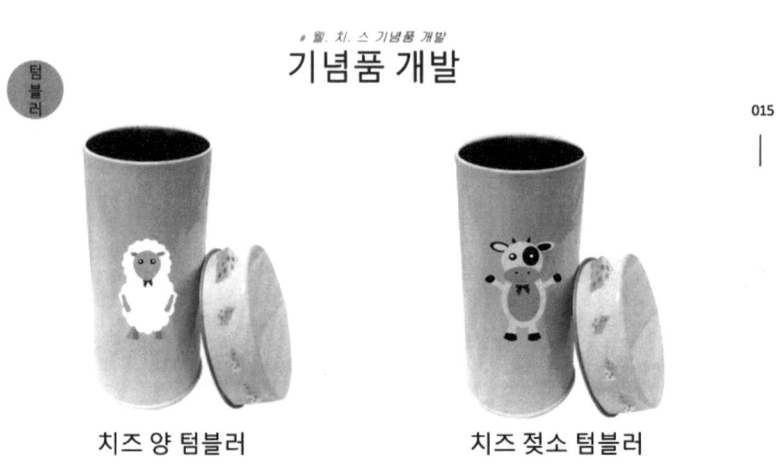

티셔츠

젖소 캐릭터의 티셔츠　　　양 캐릭터의 티셔츠

010

임실 치즈 캐릭터 '웰치스' 티셔츠

＃ 웰. 치. 스 기념품 개발
기념품 개발

텀블러

015

치즈 양 텀블러　　　치즈 젖소 텀블러

임실 치즈 캐릭터 '웰치스' 텀블러

|에필로그|
청년의 언어로 지역을 다시 그리다

 많은 이들이 청년을 응원하고 격려하지만, 우리의 오늘은 여전히 불안하고 무겁다. 대학을 졸업하고도 최저 시급에 맞춰 일하는 친구들이 있으며, 몇 해가 지나도록 학자금 대출을 다 갚지 못한 채 빚의 굴레에 묶여 살아가는 친구들도 있다. 전공 공부에 더해 외국어와 정보기술을 배우며 스펙을 쌓아도 앞길이 뚜렷이 열리지 않는 현실. 4년 동안 쉼 없이 달려왔음에도, 결국 부족한 것은 '도전정신'이라는 결론으로 귀결될 때가 있다. 문득, 나는 스스로에게 묻는다. "정말 나는 도전 없는 삶을 살아온 것일까?"

 2022년 6월, 지도교수님의 한 통의 전화가 내 생각을 흔들어 놓았다.
 "이제는 청년의 시대다. 청년이 만들어 갈 시간이 왔으니, 너희 목소리를 담아 책으로 남겨보자."

뜻밖의 제안에 당황스럽고 자신도 없었지만, 그동안의 경험을 자료와 기록으로 정리하는 일이라면 해 볼 만하다는 용기가 조금씩 생겨났다.

'청년, 지역의 미래를 말하다' 프로젝트는 나의 대학 1학년 때부터 함께한 특별한 여정이었다. 군 복무 기간을 제외하면 단 한 번도 빠지지 않고 참여했으니, 나의 대학 시절은 이 프로젝트에 고스란히 담겨 있다. 처음 대학에 들어와서는 무엇을 해야 할지 막막해 그저 수동적으로 강의를 듣고, 과제는 인터넷 자료로 해결하며, 시험은 암기식으로 넘기기 일쑤였다. 그러던 어느 날, '새만금지역관광론' 수업에서 예상치 못한 과제를 받았다. 새만금 지역의 역사와 문화를 공부하고, 직접 지역의 이슈를 발굴한 뒤 이를 토대로 관광상품을 기획해 발표하라는 것이었다.

생전 처음 경험하는 과제 앞에서 우리는 지역 자료를 찾아 헤매고, 현장을 직접 발로 누비며 답을 찾았다. 호기심이 차오르고 설렘도 있었지만, 팀원들과 협력해 하나의 결과물을 완성해 나가는 과정은 결코 쉽지 않았다. 그러나 그 모든 과정이 결국 우리를 성장하게 만들었다.

발표회는 규모에 차이가 있긴 했지만 언제나 상과 상금이 걸려 있어, 적당한 경쟁심과 긴장감이 공존했다. 서로의 자료를 보며 조금이라도 더 나은 결과물을 만들기 위해 밤늦도록 수정하고 보완하는 팀들이 많았다. 10만 원이라는 상금은 학생들에게 큰 힘이 되었고, 발표회가 가까워질수록 소극적이던 친구들조차 팀을 응원하고 마음을 모았다.

2013년에 시작된 이 발표회는 2025년 현재까지 13년 동안 17회를 이어왔다. 나 또한 석사 과정에 진학한 이후에도 학부생들과 함께 무대에 올랐고, 뜨거운 박수를 받기도 하며 때로는 인터뷰를 통해 우리의 생각을 더 큰 세상과 나누기도 했다. 처음에는 대수롭지 않은 활동이라 여겼지만, 시간이 흐른 지금 돌아보면 그 무대는 우리의 목소리를 세상을 향해 힘껏 낼 수 있는 소중한 통로였다.

이번 모음집을 만들며 지난 자료를 하나하나 되짚다 보니, 나도 모르게 조금씩 성장해온 내 모습을 발견하게 되었다. 세상에 내놓기엔 여전히 부족한 기록들이지만, 지난 시간을 버텨온 흔적들이라서 더욱 값지고 소중하다. 특히, 발표를 위해 시청각 자료를 만들고 청중 앞에 섰을 때 느꼈던 설렘과 긴장감은 지금도 선명하게 남아 있다.

이 책을 세상에 내며 한 가지 바람이 있다.

후배들이 재학 시절, 이런 프로젝트에 주저하지 말고 적극적으로 도전했으면 한다는 것이다. 잘할 수도, 서툴 수도 있다. 그러나 도전의 결과가 무엇이든, 아무것도 하지 않는 것보다는 훨씬 낫다. 우리의 성장통은 결국 도전이라는 과정을 통해서만 극복할 수 있다고 믿는다.

끝으로, 발표회 지도와 원고 감수에 아낌없는 도움을 주신 황태규 학장님, 박수진 교수님, 이덕우 교수님께 깊은 감사를 드린다.

또한 이 여정을 함께한 신연욱 실장님, 관광학과 조교 강재건 선생님, 그리고 우석대학교의 소중한 동료들에게도 진심 어린 고마움을 전한다. 마지막으로, 무주에서 묵묵히 지역을 위해 애써 주시는 부모님께 존경과 사랑의 마음을 바친다.

2025년 5월
송 현 진

|에필로그|
이야기를 마무리하며, 다시 시작을 생각한다

'청년, 지역의 미래를 말하다'는 지역사회를 대상으로 연구하는 프로젝트다. 대학생들은 자신이 전공하는 분야를 기반으로 지역사회의 문제점을 파악하고, 그 문제를 해결하기 위한 방안을 제시했다. 학문적인 지식을 적용하는 좋은 기회였다. 한편, 지역사회와의 협력 프로그램을 기획하고, '발표회'라는 형식을 통해 그 기획을 수행함으로써 지역사회와의 교류를 증진하는 효과를 얻었다.

나는 우석대학교에서 강의를 맡게 된 첫해부터 '청년, 지역의 미래 말하다'의 전 과정을 함께했다. 이 프로그램을 진행하는 사이에 학생들의 태도에서 많은 변화를 보았다. 처음에는 발표 과제에 대해 큰 부담을 느끼는 것 같았다. 팀 프로젝트는 학생들이 꺼리는 수업 방식 중의 하나였기 때문이다. 팀원 간에 스케줄 관리도 어렵고, 역할 분담으로 인한 갈등이 발생할 수도 있다.

또 개인마다 능력치가 달라서 팀에 도움이 되지 못할까 염려하는 학생도 더러 있다. 다행히 팀 구성 후에는 제법 순조롭게 진행되었다.

사실 지역사회의 문제는 학생들이 스스로 관심을 가질 만한 매력적인 소재가 아니었다. 더구나 관광상품 개발과 같은 주제는 대상지의 문화와 자원에 대한 이해가 없으면 불가능한 것이어서 조사와 분석, 현장 탐방, 아이디어 제시, 활용 방안 모색 등 여러 단계의 학습 과정이 필요했다. 여러 전문가와 기관, 지자체, 사업장의 도움으로 차질없이 발표회를 열 수 있었다.

이 프로그램을 기획하고 진행한 황태규 교수는 1995년 지방자치제가 열린 후 고향에서 살고 싶다는 염원을 담아 『신사고로 펼치는 지방시대』라는 책을 냈다. 지방정부 마케팅 책 덕분에 평범한 샐러리맨에서 지역혁신전문가, 지역마케팅전문가로 불리기 시작했다. 황 교수의 저서는 총 13권이다. 모두 국가와 지역발전을 주제로 하고 있으나 이번에 출판하는 책은 성격이 좀 다르다. 13년 동안 학생들과 함께 진행했던 발표회 자료를 모아 엮은 것으로 학생들이 주저자이다. "학생들이 한 일이므로 학생들의 책이 되어야 한다."라는 말에서 그의 면모를 짐작할 수 있다. 황 교수의 매력은 유연함에 있다. 유능한 리더는 자신의 영향력을 활용해 구성원들에게 비전을 제시하고 좋은 성과를 만들어낸다. '청년, 지역의 미래를 말하다'에서 황 교수는 학생들에게 바람직한 방향을 제시하고, 자신이 가진 기술과 인맥을 총동원하여 학생들이 원하는 성과를 얻도록 최대한 지원했다.

저자 송현진과 방호찬, 이덕우 교수는 수업이 맺어준 인연이다. 모두 '청년, 지역의 미래를 말하다'에 참여했고, 원고를 모으고 정리하는 일에 수고를 아끼지 않았다. 송현진과 방호찬은 이 프로젝트에 있어 베테랑이다. 학생으로서 가장 많은 프로그램에 참여했고, 참신하고 기발한 아이디어를 제시해 여러 차례 상도 받았다. 이덕우 교수는 멘토로 참여하여 학생들의 발표회 완성도를 높이는 데 크게 기여했다. 항상 긍정적인 그의 태도는 우리 모두에게 힘이 되었고, 지금도 학생들과 교류하면서 지역발전 문제를 고민하고 있다.

302명이 참여했던 '청년, 지역의 미래를 말하다'는 이후로도 계속될 것이다. 학생들은 발표회 준비가 때로는 버겁기도 했으나 학창 시절 중 가장 기억에 남는 일이었다고 회상한다. 어떤 학생은 사회적 책임감과 지역사회에 대한 애착을 갖게 되었다 하고,

자신의 미래 진로에 대한 방향성을 찾는 기회였다고도 한다. 그래서 우리는 이 프로그램의 별칭을 '청년성장 프로젝트'라고 부른다. 황 교수는 '청년성장 프로젝트'에 이어 '청년진화 프로젝트'를 기획하고 있다. 아마도 송현진과 방호찬이 핵심 요원으로 활동하지 않을까 짐작해 본다. 말 그대로 이들이 성장하여 이제는 진화의 단계를 밟을 때가 온 것이다. 기대하며 응원을 보낸다.

2025년 5월
우석대학교 박 수 진

저자 소개

* 송현진

'청년, 지역의 미래를 말하다' 발표회의 핵심 참여자로, 대학 재학 중 총 6회에 걸쳐 발표회에 직접 참여하였으며, 이후 11회에 걸쳐 기획과 운영을 담당하였다. 학부 졸업 후 석사과정을 마친 뒤 우석대학교 정보통신실에서 실무 경험을 쌓았고, 현재는 우석대학교 미래융합대학 통합행정실에서 사업 관리를 맡고 있다. 평생교육을 기반으로 지역과 대학, 학습자를 연결하는 교육 생태계 구축을 목표로 다양한 프로그램을 기획·운영하며, 지속가능한 지역사회 교육 모델을 연구하고 있다.

* 방호찬

'청년, 지역의 미래를 말하다'의 주인공으로 다섯 차례 참여했다. 대학 졸업 후, 대학원에서 석사과정을 마친 뒤 우석대학교 LINC 3.0 사업단에서 근무하였고, 현재는 미래융합대학 통합행정실에 근무하고 있다. 대학의 학습자 친화형 학사체계 구축을 위해 다양한 교육 프로그램을 계획·운영하고, 평생교육 가치 확산에 기여하고 있다.

* 이덕우

'청년, 지역의 미래를 말하다'의 멘토로 참여해 학생들의 전문성 강화를 지원했다. 현재 우석대학교 스마트관광학과 초빙교수로 재직 중이고, 전주세계소리축제 공연기획과 홍보마케팅, 문화예술 교육 및 공연예술 컨설팅 분야에서 활동했으며, 지역의 관광산업 발전에 기여하고 있다.

* 박수진

'청년, 지역의 미래를 말하다' 전체 프로그램에서 멘토, 특강, 후원, 심사 등 다양한 역할을 했다. 현재 우석대학교 객원교수이며, 대통령 직속 국가균형발전위원회, 농림축산식품부, 해양수산부 등에서 평가자문위원으로 활동하고 있다. 『장수군의 비밀』, 『김치산업론』, 『임실 치즈 50년사(임실 치즈와 지정환신부 이야기)』 등의 지역학 저서가 있다.

* 황태규

『청년, 지역의 미래를 말하다』의 기획자이자 설계자. 지역혁신 전략가로서 오랜 시간 지역 현장에서 문제를 발굴하고 해법을 실험해 왔으며, 이를 바탕으로 중앙정부 차원에서는 대통령직속 국가균형발전위원회 기획단장과 대통령비서실 균형발전비서관으로 재직하며, 국가균형발전을 위한 법과 제도 설계에 직접 참여하였다. 정책 현장의 경험을 바탕으로, 그는 지역 문제를 이해하고 해결하는 힘은 교육에서 비롯된다는 신념 아래 '현장 중심의 지역교육 모형'을 개발하여 실천에 옮기고 있다. 『신사고로 펼치는 지방시대』, 『지역의 시간』, 『브랜드 코리아』, 『코리아, 강대국 모드로 전환하라』 등 국가 및 지역 전략 관련 저서를 포함해 총 13권의 책을 집필했으며, 현재 우석대학교 미래융합대학 학장(관광학과 교수)으로 재직 중이다.